AF550156

Dieses Buch gehört:

____

Es ist ein Geschenk von:

____

Datum: ________________________

Lieber Gott, komm geh mit mir!

365 ANDACHTEN FÜR DIE GANZ KLEINEN

Geschrieben von Carla Barnhill

Illustriert von Elena Kucharik

4. Auflage 2021
ISBN 978-3-86122-619-2

Originaltitel: Blessings Every Day

Deutsch von Alexandra Klos
Satz: Petra Wennmann

International coedition arranged by Angus Hudson Ltd, Concorde House,
Greenville Place, Mill Hill, London, NW7 3SA, England
Email – coed@angushundson.com
Printed in Poland

Anmerkung für die Eltern

Wie alle Eltern so wollen auch Sie alles tun, damit Ihre Kinder gesund und glücklich sind – um aus ihnen gesunde und glückliche erwachsene Menschen werden zu lassen. Dabei kann Ihnen dieses Buch behilflich sein.

An jedem Tag wird eine biblische Verheißung oder Wahrheit vorgestellt: eine kurze Andacht, die auf einem altersgerechten Thema basiert und die mit ein paar Zeilen schließt, die den Kerngedanken nochmals kindgerecht aufgreifen. Die warmherzigen Illustrationen der bekannten und beliebten Illustratorin Elena Kucharik sind ideal, um auch das jüngste Kind zu begeistern. Auch Sie als Eltern werden daran Freude haben.

Andachten für jeden Tag ist ein lebhaftes Abenteuer – ein Spaziergang durch die Bibel, von 1. Mose bis zur Offenbarung –, bei dem Ihre Kinder selbst entdecken können, wer Gott ist, bei dem sie seine vielen kostbaren Verheißungen kennen lernen können und erfahren, in welcher Weise diese Verheißungen für uns heute von Bedeutung sind.

Über die Illustratorin

Elena Kucharik arbeitet seit mehr als fünfundzwanzig Jahren als freischaffende Illustratorin. Für mehr als zwanzig Jahre konzentrierte Elena ihr Talent auf Kinderbuchillustrationen, darunter auch die Erschaffung der Charaktere in Kleine Herzen. Elena und ihr Mann leben in New Canaan in Connecticut. Sie haben zwei erwachsene Töchter.

Über die Autorin

Carla Barnhill, beschäftigte Mutter von zwei kleinen Kindern, studierte Literatur an der Universität von Edinburgh in Schottland (Magister) sowie am Concordia College in Minnesota (Bakkalaureat). Als ehemalige leitende Herausgeberin der Zeitschrift Christian Parenting Today arbeitet sie heute als Herausgeberin der Teen Devotional Bible bei der amerikanischen Verlagsgruppe Zondervan. Carla lebt mit ihrem Mann und ihren Kindern in der Nähe von Chicago.

Januar

1. JANUAR

GOTTES LIEBLINGSSCHÖPFUNG

Am Anfang schuf Gott Himmel und Erde.
1. Mose 1,1

Spielst du gerne mit Sand oder mit Bauklötzen? Bestimmt macht es dir viel Spaß, lustige Formen zu erfinden und große Türme zu bauen? Stell dir vor, wie viel Freude Gott hatte, als er die Fische und die Berge und die Sterne und die Flüsse gemacht hat! Gott hat alles erschaffen, vom Mond hoch oben im Himmel bis hin zu den Würmern tief unten in der Erde. Aber seine allerliebste Schöpfung bist du!

Gott erschuf alles, was ich sehen kann.
Und das Beste daran ist: Er hat auch mich gemacht!

2. JANUAR

GOTTES EBENBILD

So schuf Gott den Menschen als sein Ebenbild.
1. Mose 1,27

Gott erschuf viele verschiedene Arten von Menschen! Er schuf sie in allen möglichen Formen und Größen und Farben. Selbst in deiner Familie sieht keiner genauso aus wie der andere. Aber ganz egal, wie unterschiedlich wir aussehen: Wir gehören alle zu Gottes großer Familie. Und von allen Dingen, die Gott gemacht hat, als er die Welt erschuf, sind die Menschen das Besonderste.

Gott hat alle Menschen erschaffen, dich und mich. Wir gehören alle zu seiner großen Familie!

3. JANUAR

WILDE TIERE

Gott schuf alle Arten von Vieh, wilden Tieren und Kriechtieren.
1. Mose 1,24

Wenn du das nächste Mal einen Spaziergang im Wald oder einen Ausflug in den Zoo machst, dann achte darauf, wie viele verschiedene Arten von Tieren du dort entdecken kannst. Dort gibt es Rehe und Libellen, Löwen und Leoparden, Seehunde und Schlangen – und das ist erst der Anfang! Es gibt noch viel mehr Tiere auf der Welt. Und Gott hat jedes einzelne von ihnen erschaffen. Wenn er Bären und Käfer machen kann, dann gibt es wohl nichts, was er nicht machen kann!

Gott hat all die bunten Vögel geschaffen,
und er hat all die brüllenden Löwen gemacht!

4. JANUAR

DU BIST FANTASTISCH!

Dann betrachtete Gott alles, was er geschaffen hatte, und es war sehr gut! 1. Mose 1,31

Hast du schon einmal gedacht, dass dich niemand mag? Wir alle haben manchmal das Gefühl, dass wir nicht genug beachtet werden oder dass jemand auf uns herumhackt oder uns einfach übergeht. Aber gibt es jemanden, der denkt, dass du jede einzelne Minute jedes einzelnen Tages wunderbar bist? Gott! Nachdem er alle Dinge dieser Welt erschaffen hatte, sah er auf alles, was er gemacht hatte, und es gefiel ihm gut. Das nächste Mal, wenn du glaubst, dass dich niemand mag, dann denke daran: Gott findet, dass du fantastisch bist!

Wenn Gott mich ansieht, dann freut er sich sehr.

5. JANUAR

GOTT SENDET EINEN REGENBOGEN

Das gilt für alle Zeiten. Der Regenbogen soll ein Zeichen für dieses Versprechen sein.
1. Mose 9,13

Woher kommt der Regenbogen? Vor langer, langer Zeit wurde die gesamte Erdkugel mit einer riesigen Menge Wasser bedeckt. Nach dieser großen Flut ließ Gott einen wunderschönen Regenbogen am Himmel erscheinen. Dieser Regenbogen stellte ein Versprechen für die Menschen dar, dass sie niemals wieder solch eine Flut erleben sollten. Jeder Tag ist eine besondere Erinnerung daran, wie sehr Gott uns liebt.

Gott sandte uns einen Regenbogen, um seine Fürsorge zu zeigen. Wenn wir einen Regenbogen sehen, wissen wir, dass er bei uns ist.

ALLES, WAS WIR BRAUCHEN

Ich werde … dich überreich beschenken und dir so viele Nachkommen geben, wie es Sterne am Himmel und Sand am Meer gibt.
1. Mose 22,17

Hast du jemals deine Mutti oder deinen Papa gebeten, dass sie dir etwas im Geschäft kaufen? Manchmal glauben wir, dass wir mehr brauchen, als wir bereits haben. Aber in Wirklichkeit hat uns Gott schon mit allen möglichen wundervollen Dingen beschenkt. Wir haben eine Familie, die uns lieb hat, wir haben Freunde, mit denen wir spielen können, wir haben genug zu essen und wir haben ein Haus, in dem wir uns wohl fühlen und in dem es schön warm ist. Das ist eine ganze Menge, worüber wir uns freuen können!

Hilf mir, lieber Vater im Himmel, dass ich mich über alle Dinge freuen kann, die du mir geschenkt hast: über meine Familie und meine Freunde und ein Haus, in dem ich wohnen darf.

7. JANUAR

ICH BIN NIEMALS ALLEIN

Ich stehe dir bei; ich behüte ich, wo du auch hingehst.
1. Mose 28,15

Als du ein ganz kleines Baby warst, hast du fast die ganze Zeit mit deinen Eltern verbracht. Jetzt, da du immer größer wirst, kannst du schon allein auf Entdeckungsreise gehen. Vielleicht darfst du einmal bei deinem Freund oder deiner Freundin übernachten. Aber wenn dann Schlafenszeit ist, fühlst du dich vielleicht ein bisschen einsam, wenn deine Eltern nicht da sind, die dich zudecken und dir einen Gutenachtkuss geben. Aber Gott ist immer bei dir, egal, wo du gerade bist. Selbst wenn du ihn nicht sehen kannst: Gott ist überall, wo du bist, und er passt immer auf dich auf!

Überall, wo ich hingehe, überall, wo ich bin:
Gott ist immer bei mir, ich bin niemals allein.

8. JANUAR

DU BRAUCHST NICHT SCHÜCHTERN ZU SEIN

Ich bin bei dir und sage dir, was du reden sollst.
2. Mose 4,12

Bist du manchmal schüchtern? Ganz besonders bei Leuten, die du nicht kennst? Dann denke daran, dass Gott bei dir ist und dir dabei helfen wird, laut und deutlich zu sprechen. Du brauchst dir keine Gedanken darüber zu machen, was du sagen sollst. Lächle einfach dein süßestes Lächeln und sage freundlich: „Guten Tag!" Und bevor du dich umsiehst, fühlst du dich gar nicht mehr schüchtern!

Wenn ich schüchtern bin, brauche ich überhaupt nichts zu sagen, weil mir Gott hilft, genau das Richtige zu sagen!

9. JANUAR

DANKE, MAMA! DANKE, PAPA!

Ehre deinen Vater und deine Mutter.
2. Mose 20,12

Deine Eltern tun viele gute Dinge für dich. Sie passen auf dich auf. Sie arbeiten schwer, damit du alles haben kannst, was du brauchst. Sie lesen dir Geschichten vor und bringen dir Dinge bei, die du noch nicht kennst. Du kannst ihnen zeigen, dass du sie lieb hast, indem du ihnen auch gute Dinge tust. Du kannst ihnen gut zuhören, du kannst tun, was sie dir sagen, ohne dich dabei zu beklagen, und du kannst ihnen so viel wie möglich helfen. Und wenn du sie fest umarmst, dann ist das eine besonders wundervolle Art, ihnen Danke zu sagen.

Danke, lieber Vater, für meine Eltern - sie sind ein Geschenk des Himmels. Hilf mir, ihnen zu zeigen, wie sehr ich sie lieb habe.

WENN ES KRACHT

Meine Geduld ist groß, und meine Liebe kennt kein Ende.
4. Mose 14,18

Wenn dir jemand wehtut oder etwas kaputtmacht, was dir gehört, wirst du bestimmt schnell wütend. Aber Gott möchte, dass wir seinem Beispiel folgen und mit anderen Menschen geduldig sind. Wenn dein kleiner Bruder dir also deinen Malblock wegnimmt oder deine Schwester deinen Lieblingsteddy verliert, dann denke daran, dass Gott auch geduldig mit uns ist, wenn wir Dinge tun, die wir nicht hätten tun sollen. Und er möchte, dass wir andere genauso behandeln.

Lieber Vater, hilf mir, dass ich geduldig bin, wenn mich etwas ärgert. Ich weiß, dass es dich froh macht, wenn ich geduldig bin.

EIN WARMES HERZ

Ihr sollt ihn von ganzem Herzen lieben, mit ganzer Hingabe, mit all eurer Kraft.
5. Mose 6,5

Wenn du jemanden lieb hast, dann hast du ein ganz warmes Herz. Und es macht dir viel Freude, dies den Menschen zu sagen, die du lieb hast. Wenn du Gott lieb hast, dann ist dein ganzes Herz voller warmer Gefühle. Gott tut wundervolle Dinge für dich. Deshalb vergiss nicht, ihm auch deine Gefühle zu sagen.

Lieber Gott, ich hab dich von ganzem Herzen lieb.
Dass du mich auch lieb hast, das ist wunderbar!

12. JANUAR

EIN BRIEF VON GOTT

Bewahrt deshalb diese Worte im Herzen!
5. Mose 11,18

Die Bibel ist wie ein riesengroßer, dicker Brief von Gott. In der Bibel sagt uns Gott alle wichtigen Dinge, die wir wissen sollen. Er erzählt uns über sich selbst. Er erzählt uns, wie wir ihm nachfolgen können und wie sehr er uns lieb hat. Und er erzählt uns vor allem von seinem Sohn Jesus. Es macht Spaß, die Bibel zu lesen – das ist so, wie wenn du einen Brief von deinem allerbesten Freund oder deiner allerbesten Freundin liest.

Die Bibel ist ein besonderer Brief von Gott an mich. Sie hilft mir, alles zu erkennen, was Gott von mir möchte.

KEINER IST WIE GOTT

Kein Gott gleicht dem Gott, der Israel liebt.
5. Mose 33,26

Denke einmal ganz scharf nach: Kennst du irgendjemanden, der einen Ozean erschaffen kann? Oder die Sonne? Oder der aus Staub einen Menschen machen kann? Gott kann so etwas. Er kann alles. Und was das Schönste ist: Gott hat versprochen, dass er immer auf uns aufpassen wird. Ist es nicht wundervoll, dass jemand, der so mächtig und so stark ist, auf uns aufpasst?

Du hast die ganze Welt gemacht, lieber Gott,
und du hast versprochen, dass du immer auf mich aufpassen wirst.

14. JANUAR

SICHER UND GEBORGEN

Er, der ewige Gott, breitet seine Arme aus,
um euch zu tragen und zu schützen.
5. Mose 33,27

Was tust du, wenn du Angst hast? Versteckst du dich hinter deinem Papa oder deiner Mama? Rennst du in dein Zimmer und ziehst eine Decke über deinen Kopf? Alle diese Dinge können dir helfen, dich sicher zu fühlen. Aber selbst wenn deine Eltern einmal nicht in deiner Nähe sind oder wenn du keinen Platz findest, an dem du dich verstecken kannst, denke daran, dass für Gott nichts unmöglich ist. Und er hat versprochen, dass er dich immer beschützen wird.

Wenn ich Angst habe, weiß ich, dass Gott da ist.
In seiner liebevollen Hand kann mir nichts passieren.

GOTT VERLÄSST MICH NIE

Ich lasse dich nie im Stich, nie wende ich mich von dir ab.
Josua 1,5

Die Bibel ist voll mit Geschichten von Menschen, die erstaunliche Dinge taten. Wie zum Beispiel Josua. Gott bat ihn, ganz viele Menschen in ein unbekanntes Land zu führen. Ganz schön unheimlich, nicht wahr? Aber Gott versprach Josua, dass er die ganze Zeit bei ihm sein und ihm helfen würde. Und genau das tat er dann auch!

Gott ist immer bei mir, egal, wohin ich gehe.
Ich weiß es ganz genau, denn er hat es mir versprochen.

16. JANUAR

MUTIG UND STARK

Sei mutig und entschlossen! Lass dich nicht einschüchtern,
und hab keine Angst!
Josua 1,9

Es ist nicht immer leicht, mutig zu sein, nicht wahr? Aber wir sollen Gott vertrauen, dass er für uns sorgt. Wenn wir etwas tun müssen, wovor wir Angst haben, dann dürfen wir Gott um Hilfe bitten, mutig zu sein, und er wird es tun. Wenn du also das nächste Mal die Wahrheit sagen sollst, auch wenn du dadurch vielleicht Schwierigkeiten bekommst, oder wenn du das erste Mal ohne deine Eltern irgendwohin gehst, dann denke daran, dass Gott bei dir ist und dir hilft, mutig und stark zu sein.

Mit Gott an meiner Seite brauche ich mich vor nichts zu fürchten. Ich bin stark und mutig - ich brauche mich vor nichts zu verstecken.

EIN LIED SINGEN

Für den Herrn will ich singen.
Richter 5,3

Singen macht fröhlich. Wenn du traurig bist, kann ein schönes Lied von jemandem, den du lieb hast, dir helfen, dass du wieder fröhlicher wirst. Und wenn du glücklich bist, dann kannst du gar nicht anders, als ein fröhliches Lied zu singen. Gott liebt es, wenn wir ihm ein Lied singen. Ob das nun ein Lied aus dem Kindergottesdienst ist oder eines, das du dir ganz selbst ausgedacht hast, Gott freut sich über jedes Lied!

Gott freut sich, wenn ich ihm ein Lied singe.
Ich will ihm heute ein Lied von meiner Liebe singen.

18. JANUAR

EIN FESTER FELS

Du bist ein Fels, keiner ist so stark und unerschütterlich wie du.
1. Samuel 2,2

Sammelst du gern Steine? Steine gibt es in vielen verschiedenen Größen. Sie können ganz glatt oder rau sein. Hast du jemals versucht, einen entzweizubrechen? Sie sind sehr fest. Wenn du auf einem großen Steinfelsen stehst, kannst du sehr weit blicken. Oder du kannst dich darauf setzen, wenn du dich ein wenig ausruhen möchtest. Deshalb nennt die Bibel Gott einen Fels. Gott ist unglaublich stark, und er ist immer da, wenn wir ihn brauchen. Das ist etwas ganz Besonderes, nicht wahr?

Gott ist unser Fels. Er ist fest und stark.
Wenn wir ihm vertrauen, kann uns niemals etwas passieren.

19. JANUAR

SPIEGLEIN, SPIEGLEIN AN DER WAND...

Für die Menschen ist wichtig, was sie mit den Augen wahrnehmen können; ich dagegen schaue jedem Menschen ins Herz.
1. Samuel 16,7

Was ist das Erste, was die Leute erblicken, wenn sie dich ansehen? Deine Sommersprossen? Dein lockiges Haar? Dein freundliches Lächeln? Egal, was die Leute sehen, wenn sie dich ansehen, es ist nur ein kleiner Teil von dem, was dich als Person ausmacht. Aber wenn Gott dich ansieht, dann sieht er dich als ganze Person, zum Beispiel wie freundlich oder wie klug oder wie liebenswürdig du bist. Vor allem sieht er die wunderbare Person, die er geschaffen hat. Und das ist es, was er am allermeisten liebt!

Gott blickt in mein Inneres, er sieht mein Herz an.
In seinen Augen bin ich wundervoll, liebenswürdig und klug!

20. JANUAR

EIN HELLES LICHT

Herr, du machst die Finsternis um mich hell, du bist mein Licht.
2. Samuel 22,29

Bitte einmal heute Abend deine Mama oder deinen Papa, alle Lichter in deinem Zimmer auszuknipsen. Dann wird es ganz schön dunkel, nicht wahr? Danach bitte sie, die Lichter wieder anzuknipsen. Dein Zimmer ist wieder hell erleuchtet. So ist es auch mit Gott. Allein zu wissen, dass Gott uns lieb hat, lässt unsere Welt ganz hell werden!

Gottes Liebe ist so hell,
dass sie sogar in der Nacht leuchtet!

JEMAND, DER SEINE VERSPRECHEN HÄLT

Was für ein Gott! Sein Handeln ist vollkommen, und was er sagt, ist wahr.
2. Samuel 22, 31

Hat jemand schon einmal ein Versprechen gebrochen, das er dir gegeben hat? Vielleicht hat dir ein Freund oder eine Freundin versprochen, mir dir zu spielen, und hat es dann doch nicht gemacht. Oder vielleicht hat dir deine Mutti versprochen, mit dir auf den Spielplatz zu gehen und ist dann doch nicht gegangen, weil sie etwas anderes zu tun hatte. Selbst wenn Menschen ihr Versprechen nicht absichtlich brechen, tut es trotzdem weh. Gott hat in der Bibel viele Versprechen gemacht. Er hat versprochen, dass er sich immer um uns kümmern wird. Er hat versprochen, dass er uns immer und ewig lieb haben wird. Er hat versprochen, dass wir eines Tages bei ihm im Himmel sein werden. Und Gott hält jedes einzelne seiner Versprechen. Darauf kannst du dich verlassen!

Gott hält seine Versprechen, das weiß ich ganz genau.
Er hat versprochen, dass er mich und dich immer lieb hat.

22. JANUAR

GOTT HAT UNS IMMER LIEB

Gott hat einen Bund mit mir geschlossen, den er niemals brechen wird, seine Zusage gilt für alle Zeiten. Ihm allein verdanke ich Wohlergehen und Erfolg.
2. Samuel 23, 5

König David war ein Mann, der viele großartige Dinge vollbrachte, der aber auch ein paar schlechte Dinge tat.

Doch am Ende seines Lebens wusste er, dass Gott jeden einzelnen Tag bei ihm gewesen war. Er wusste, dass Gott ihn lieb hatte, selbst dann, als er schlechte Entscheidungen traf und große Fehler machte. Genauso wie Gott David liebte, so liebt und kümmert er sich auch um jeden von uns.

Egal, ob wir gute oder schlechte Dinge tun -
Gott kümmert sich immer um uns, seine Liebe vergeht niemals.

DAS RICHTIGE TUN

Darum bitte ich dich: Gib mir ein Herz, das auf dich hört, damit ich … zwischen Recht und Unrecht unterscheiden kann.
1. Könige 3,9

Bei manchen Dingen fällt es uns nicht schwer, eine Entscheidung zu treffen, wie zum Beispiel die Entscheidung, was du essen möchtest. Andere Entscheidungen hingegen sind schwieriger. Sollst du deiner Mutti sagen, dass du aus Versehen ihre Lieblingsvase zerbrochen hast oder lieber nicht? Wir brauchen die Hilfe Gottes, um gute Entscheidungen zu treffen. Wenn wir ihn um seine Hilfe bitten, dann zeigt er uns, was wir tun sollen. Und er gibt uns auch die Kraft, das Richtige zu tun.

Gott hilft mir jeden Tag, gute Entscheidungen zu treffen. Er zeigt mir immer, was richtig ist, wenn ich ihn darum bitte.

GOTTES WUNDERBARE WELT

Erinnert euch an Gottes Wunder!
Denkt immer wieder an seine mächtigen Taten!
1. Chronik 16,12

Die Welt ist voll von Dingen, die Gott geschaffen hat: die Bäume, die Blumen, das Gras, die Vögel, der Sonnenschein und vieles andere mehr. Macht es nicht unsagbar viel Spaß, deine Zehen in den Schlamm zu graben? Oder in einer Pfütze zu platschen? Oder kalte Schneeflocken mit deiner Zunge aufzufangen? Gott hat alle diese Dinge gemacht, damit wir uns daran freuen können. Was für eine wunderbare Welt! Was für ein wundervoller Gott!

Danke, lieber Gott, für den Himmel und die Sonne.
Danke, dass du eine Welt geschaffen hast, in der ich lachen und in der ich fröhlich sein kann!

GROSSE AUFGABEN

Hab keine Angst, und lass dich durch nichts entmutigen! Denn der Herr, mein Gott, wird dir dabei helfen. Er steht zu dir und verlässt dich nicht.
1. Chronik 28, 20

Salomo war ein junger Mann, der eine große Aufgabe zu erfüllen hatte. Und das machte ihn furchtbar nervös! Aber sein Vater David erinnerte ihn daran, dass für Gott keine Aufgabe zu groß ist. Mit Gott an seiner Seite lernte Salomo, dass es nichts gab, was er nicht tun konnte. Wenn du das nächste Mal vor einer großen Aufgabe stehst, dann bitte Gott, dass er dir dabei hilft. Mit ihm kannst auch du alles tun!

Egal, wie groß meine Aufgabe ist, die ich erfüllen muss, Gott hilft mir immer dabei, wenn ich ihn darum bitte.

26. JANUAR

JESUS NACHFOLGEN

Du hältst deinen Bund, den du mit deinem Volk geschlossen hast, und erweist allen deine Güte und Liebe, die dir von ganzem Herzen dienen.
2. Chronik 7,14

Gott hält alle seine Versprechen, die er uns gemacht hat – ohne Ausnahme. Und wir sollen ihm versprechen, dass wir ihm nachfolgen und das tun, was er uns sagt. Er möchte, dass wir zu anderen freundlich sind, dass wir unseren Eltern gehorsam sind und dass wir unser Bestes geben, um das Richtige zu tun. Wenn wir Gott gehorsam sind, zeigen wir ihm, wie sehr wir ihn lieb haben und wie froh wir sind, dass wir seine Kinder sein dürfen.

Lieber Gott, du bist so gut zu uns. Du hältst alles, was du versprichst. Hilf mir, dass ich dich lieb habe und dir immer gehorsam bin.

HÖR DIR DAS AN!

Wenn dieses Volk, das meinen Namen trägt, seine Sünde bereut, von seinen falschen Wegen umkehrt und nach mir fragt, dann will ich ihnen vergeben und ihr Land wieder fruchtbar machen.
2. Chronik 7, 14

Gott kümmert sich um die ganze Welt. Das ist eine sehr große Aufgabe. Aber auch wenn du ein Problem hast, dann ist Gott da, um dir zuzuhören und dir zu helfen. Das ist selbst dann, wenn du etwas Böses getan hast und mit Gott darüber reden möchtest. Egal, wie beschäftigt Gott gerade ist, er hat immer Zeit für dich!

Wenn ich in Schwierigkeiten bin, dann rufe ich schnell Gott an. Er hört sich alle meine Probleme an, die großen und die kleinen.

28. JANUAR

WER HAT DICH LIEB?

Wie gut ist Gott zu uns! Seine Liebe zu Israel hört niemals auf!
Esra 3, 11

Wenn du auf eine Weltkarte guckst, kannst du ein Land finden, das Israel heißt. Aber wenn die Bibel das Wort Israel benutzt, dann ist damit das gesamte Volk Gottes gemeint. Wenn in der Bibel also steht, dass Gottes Liebe für Israel für immer andauert, dann bedeutet das: Gott hat dich für immer lieb!

Ich gehöre auch zu Gottes Volk, solange ich lebe.
Gott zeigt mir auf vielerlei Weise, wie sehr er mich lieb hat.

PFANNKUCHEN UND PIZZA

Die Freude am Herrn gibt euch Kraft!
Nehemia 8,10

Stell dir einmal vor, wie es wäre, wenn du zum Frühstück Pfannkuchen mit Schokoladensoße essen, den ganzen Vormittag auf dem Spielplatz spielen und zum Mittagessen Pizza und Eis essen würdest. Und den Nachmittag würdest du dann damit verbringen, mit deinen Lieblingsspielsachen zu spielen. Was für ein herrlicher Tag! Spielsachen und Süßigkeiten bedeuten eine Menge Spaß, doch sie dauern nicht sehr lange an. Aber Gott ist immer da. Die Freude, die wir durch ihn bekommen, ist noch viel besser als Pizza und Pfannkuchen. Sie ist die einzige Freude, die für immer und ewig andauert.

Wenn ich eine immer andauernde Freude in meinem Herzen haben möchte, dann ist eine Freundschaft mit Gott am allerbesten.

30. JANUAR

GOTT IST ÜBERALL

Du hast allem das Leben geschenkt,
die Mächte im Himmel beten dich an.
Nehemia 9,6

Wir denken an Gott, wenn wir zum Beispiel in den Gottesdienst gehen oder in der Bibel lesen. Aber Gott ist überall. Obwohl wir ihn nicht sehen können, können wir viele Dinge bestaunen, die er gemacht hat. Wenn du also das nächste Mal nach draußen gehst, dann sieh dich aufmerksam um. Und dann denke daran, wer alle diese Dinge gemacht hat, die du da erblickst: die Bäume, die Vögel, die Wolken – sie alle kommen von Gott. Überall, wo du hinsiehst, kannst du an Gott denken und ihm dafür danken, dass er solch eine großartige Welt geschaffen hat!

Du hast den Himmel und die Bäume und die Vögel gemacht, lieber Vater. Danke vielmals für die großartige Welt, die du für uns gemacht hast!

31. JANUAR

WIE IST GOTT?

Du aber bist ein Gott, der vergibt, du bist gnädig und barmherzig; deine Geduld ist nie zu Ende, deine Liebe ist grenzenlos.
Nehemia 9,17

Weil wir Gott nicht sehen können, kann man sich schwer vorstellen, wie er wohl sein mag.

Aber dieser Bibelvers sagt uns, dass er alles hat, was wir uns je bei einem Freund wünschen könnten. Er vergibt uns immer, wenn wir etwas Verkehrtes getan haben, er ist nicht schnell böse auf uns, er versteht, wie es ist, ein Kind zu sein, und – was das Wichtigste ist – er liebt uns mehr, als wir es uns überhaupt vorstellen können. Was für ein fantastischer Freund!

Lieber Gott, du bist wirklich mein allerbester Freund. Und deine Liebe zu mir hört niemals auf.

Februar

VOR FREUDE HÜPFEN!

Er wird dich wieder lachen lassen und dir Grund zum Jubel geben.
Hiob 8, 21

Hast du schon einmal laut „Hurra!“ gerufen, als du dich über etwas gefreut hast? Wenn du wirklich über etwas glücklich bist, dann kannst du deine Freude nicht für dich behalten. Jeder Tag birgt so viele freudige Dinge in sich, dass du vor Freude hüpfen und springen möchtest. Eine Umarmung von deiner Mutti, wenn du so schnell rennst, wie du kannst, oder wenn du ein Eis isst – alles Dinge, über die du dich freuen kannst. Fällt dir noch mehr ein?

Wenn ich glücklich bin, muss ich laut lachen und rufen -
Ich kann die Freude einfach nicht für mich behalten!

GESTERN, HEUTE UND MORGEN

Ja, du hast mir das Leben geschenkt und mir deine Güte erwiesen;
deine Fürsorge hat mich stets bewahrt.
Hiob 10, 12

Hiob, der Mann, der diese Worte in der Bibel gesagt hat, ging durch eine sehr schwere Zeit. Aber obwohl er viele Probleme hatte, vertraute Hiob darauf, dass Gott sich um ihn kümmern würde. Er dachte an all die guten Dinge, die Gott in seinem Leben getan hatte. Er wusste, dass Gott ihm in der Vergangenheit geholfen hatte und dass er ihm auch in der Zukunft beistehen würde. Und das tut Gott auch bei dir!

Gott ist jeden Tag bei mir.
Er zeigt mir immer den Weg, den ich gehen soll.

GOTT WEISS IMMER, WAS DAS RICHTIGE IST

Doch Gott allein besitzt Weisheit und Kraft,
nie wird er ratlos; er weiß, was er tun soll.
Hiob 12, 13

Warst du schon jemals in der schwierigen Lage, dass du nicht sicher wusstest, ob du dich für das Richtige oder das Falsche entscheiden solltest? Vielleicht hat dir eine Freundin gesagt, dass du jemanden anlügen sollst, oder jemand hat dich geärgert und du hättest ihn am liebsten zurückgeärgert. Gott wird dir immer helfen, die richtige Entscheidung zu treffen. Du brauchst nur um seine Hilfe zu bitten, und dann zeigt er dir, was du tun sollst.

Gott weiß immer, was das Richtige ist.
Er hilft mir und dir, die richtige Entscheidung zu treffen.

AUF GOTT KANN ICH ZÄHLEN

Gott allein besitzt die Macht. Was er sich vornimmt, das gelingt.
Hiob 12, 16

Wusstest du, dass nicht einmal der stärkste, mächtigste Mensch der Welt so stark wie Gott ist? Die Erwachsenen sind stark und klug, aber manchmal haben sie Probleme, die zu groß für sie sind. Aber wir dürfen auf Gott zählen. Wenn du also ein Problem hast, für das du keine Lösung weißt, dann bitte Gott, dass er dir hilft. Denke daran, dass für ihn nichts unmöglich ist!

Gott, du bist der Allerstärkste - für dich ist nichts unmöglich. Wenn ich nicht weiß, was ich tun soll, dann hilfst du mir.

GOTT WACHT ÜBER MIR

Ich kann ruhig schlafen, … denn du, Herr, beschützt mich.
Psalm 4, 9

Gott passt den ganzen Tag auf dich auf, egal, wo du gerade hingehst. Aber wusstest du auch, dass Gott selbst dann über dir wacht, wenn du schläfst? Du brauchst keine Angst vor dem Dunkeln oder vor schlechten Träumen zu haben. Denke immer daran, dass Gott bei dir ist und während der ganzen Nacht auf dich aufpasst.

Gott wacht die ganze Nacht über mir.
Ich brauche mich vor nichts zu fürchten.

6. FEBRUAR

„GUTEN MORGEN, LIEBER GOTT!"

Schon früh am Morgen … bete ich, weil ich weiß: du hörst mich.
Gib mir doch Antwort!
Psalm 5, 4

Was tust du zu allererst, wenn du morgens aufwachst? Frühstückst du oder putzt du dir deine Zähne oder kuschelst du mit deinen Eltern? Egal, wie du deinen Tag beginnst, vergiss nicht, Gott guten Morgen zu sagen. Sprich mit ihm über den Tag, der vor dir liegt. Sag ihm, worauf du dich freust oder wovor du Angst hast oder worüber du glücklich bist. Denke daran: Gott war die ganze Nacht bei dir, und er ist schon gespannt darauf, was du ihm sagen willst.

Ich will jeden Morgen sagen:
„Danke, lieber Gott, für diesen wunderschönen neuen Tag!"

7. FEBRUAR

EIN STARKER SCHUTZSCHILD

Wer dir treu bleibt, … den umgibst du mit deiner schützenden Liebe.
Psalm 5, 13

Wenn die Soldaten zur Zeit der Bibel in den Krieg zogen, trugen sie immer einen Schutzschild bei sich, um sich selbst zu verteidigen. Wie hätten sie sonst die Felsbrocken und die Pfeile abwehren können, die ihre Feinde möglicherweise auf sie warfen? Wir müssen uns vielleicht nicht vor Felsbrocken und Pfeilen schützen, aber wir alle kennen Dinge, die uns Angst machen. Deshalb ist es gut, dass wir Gottes Liebe haben, die uns beschützt. Gottes Liebe ist ein Schutzschild, der uns immer beschirmt.

Gottes Liebe umgibt mich immer.
Deshalb bin ich stets von einem starken Schutzschild umgeben.

MIR KANN NICHTS ZUSTOSSEN

Der Herr ist mein Fels, meine Festung und mein Erretter, mein Gott, meine Zuflucht, mein sicherer Ort.
Psalm 18, 3

Gott möchte, dass dir niemals etwas zustößt. Und deine Eltern auch. Sie tun alles, was sie können, um für dich zu sorgen. Deine Mutti zieht dich warm an, wenn es draußen kalt ist. Dein Papa hält deine Hand, wenn ihr über eine verkehrsreiche Straße geht. Wenn deine Eltern irgendwo hingehen müssen, bitten sie jemanden, zu dem sie Vertrauen haben, bei dir zu bleiben. Du darfst sicher wissen, dass deine Eltern und auch Gott immer gut auf dich aufpassen.

Meine Mama, mein Papa und der liebe Gott:
Sie passen alle zusammen gut auf mich auf!

9. FEBRUAR

GOTT VERTRAUEN

Manche Völker schwören auf gepanzerte Kriegswagen
und auf die Kampfkraft ihrer Reitheere.
Wir aber vertrauen auf die Kraft des Herrn, unseres Gottes.
Psalm 20, 8

Wir alle mögen neue Kleider, leckeres Essen und viele Spielsachen. Und Gott möchte, dass wir alle diese Dinge genießen. Aber er möchte nicht, dass wir nur dann glücklich sind, wenn wir schöne Dinge haben. Er möchte, dass wir glücklich sind, weil er uns lieb hat, egal, wie viel oder wie wenig wir besitzen. Und wenn wir ihm vertrauen, dann haben wir immer alles, was wir brauchen!

Es ist schön, viele Kleider und Spielsachen zu besitzen - aber am allermeisten freue ich mich über Gottes Liebe und Fürsorge.

10. FEBRUAR

GOTTES SCHÄFCHEN

Der Herr ist mein Hirte. Nichts wird mir fehlen.
Psalm 23, 1

Die Bibel spricht viel darüber, dass Jesus, Gottes Sohn, unser Hirte ist. Das klingt lustig, weil wir ja keine Schafe sind. Aber wenn in der Bibel steht, dass Jesus unser Hirte ist, dann bedeutet das, dass er sich um uns kümmert. Ein Hirte sorgt dafür, dass seine Schafe genug zu essen haben und dass sie einen warmen Platz haben, wo sie schlafen können. Er bleibt in der Nacht wach, um die Wölfe von der Herde fern zu halten. Er sorgt am Tag und während der Nacht dafür, dass es seinen Schafen gut geht und dass ihnen nichts zustößt. Jesus kümmert sich wie ein guter Hirte um uns.

Du bist der Hirte - ich bin dein Schäfchen.
Du beschützt mich überall, wohin ich gehe.

GOTT IST IMMER BEI MIR

Der Herr leitet mich auf sicheren Wegen, weil er der gute Hirte ist. Und geht es auch durch dunkle Täler, fürchte ich mich nicht.
Psalm 23, 3-4

Immer, wenn der Bundeskanzler irgendwohin geht, wird er von vielen Leuten begleitet. Ihre Aufgabe ist es, ihn zu beschützen und aufzupassen, dass ihm nie etwas passiert. Er ist sehr wichtig und niemand möchte, dass ihm etwas passiert. Gott ist auch immer bei dir, egal, wohin du gehst. Er findet, dass du so wichtig bist, dass er dich während des Tages und während der Nacht beschützt!

Lieber Gott, du beschützt mich überall, wohin ich gehe. Du bist immer bei mir - du lässt mich niemals allein.

MEINE ZUKUNFT

Deine Güte und Liebe werden mich begleiten mein Leben lang.
Psalm 23, 6

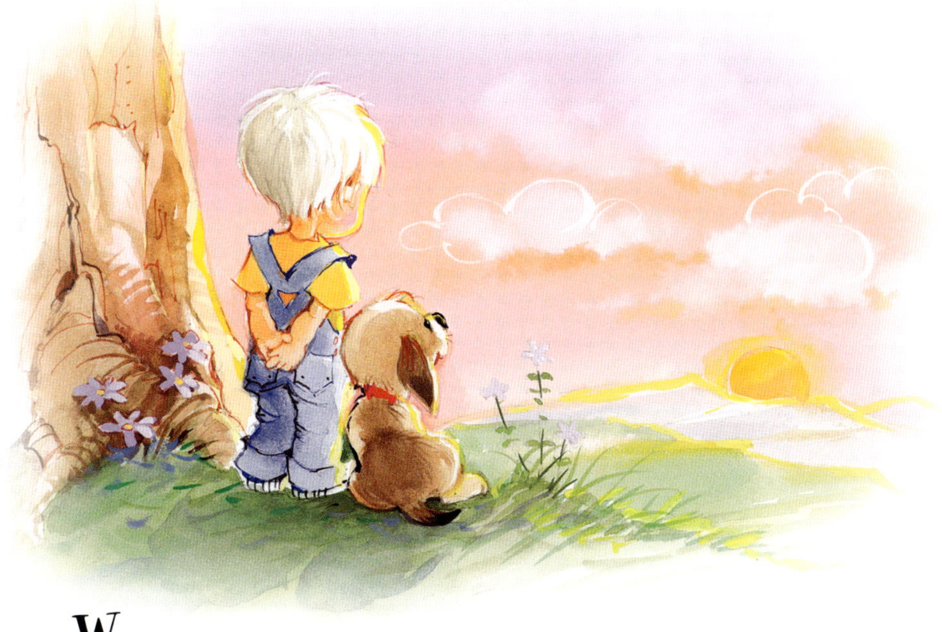

Wie, glaubst du, wird dein Leben einmal aussehen? Was willst du einmal werden? Wo willst du wohnen? In Wahrheit weiß kein Mensch, wie die Zukunft aussieht. Aber wir wissen, dass Gott immer da ist – egal, was passiert. Er wird sich um uns kümmern und über uns wachen.

Gut, dass ich mir keine Sorgen für die Zukunft machen muss.
Deine Liebe und deine Güte machen alles hell.

DU BRAUCHST DICH VOR NICHTS ZU FÜRCHTEN!

Der Herr ist mein Licht, er rettet mich.
Vor wem sollte ich mich noch fürchten?
Psalm 27, 1

Das Leben ist reich an neuen Leuten, neuen Orten und vielen anderen Dingen. Zunächst hast du vielleicht ein wenig Angst, jemandem zu begegnen, den du noch nicht kennst, an einen Ort zu gehen, an dem du noch niemals gewesen bist, oder etwas Neues auszuprobieren. Aber denke daran: Du brauchst dich vor nichts zu fürchten. Du kannst glücklich sein und dich auf alle Überraschungen freuen, die das Leben dir zu bieten hat!

Mit Gott an meiner Seite brauche ich mich vor nichts zu fürchten. Er hat mir versprochen, immer bei mir zu sein.

EIN GESCHENK FÜR GOTT

Liebt den Herrn, alle, die ihr ihm gerne dient!
Psalm 31, 24

Gott tut so viele große Dinge für uns, dass es uns Freude macht, auch etwas Gutes für ihn zu tun. Aber was könnte Gott denn gebrauchen? Nun, Gott hat tatsächlich einen Wunsch – er möchte unsere Liebe. Wir können Gott unsere Liebe zeigen, indem wir mit ihm sprechen, ihm vertrauen, dass er uns hilft, und indem wir ihm gehorsam sind. Zeige Gott heute, dass du ihn lieb hast.

Lieber Gott, hilf mir, dass ich dir jeden Tag zeige, wie lieb ich dich habe. Ich möchte dir meine Liebe mit allem zeigen, was ich tue und sage.

EIN NEUER TAG

Wenn wir am Abend noch weinen und traurig sind, so können wir am Morgen doch vor Freude jubeln.
Psalm 30, 6

An manchen Tagen ist einfach der Wurm drin. Du bist vielleicht nicht besonders gut aufgelegt, oder an diesem Tag scheint einfach alles schief zu gehen. Aber Gott gibt dir die Chance, jeden Morgen neu zu beginnen. Egal, wie schlecht dein Tag gestern war: Heute beginnt ein neuer Tag. Und dieser Tag ist voller neuer Chancen, Spaß zu haben, anderen Menschen etwas Gutes zu tun und neue Freunde zu gewinnen. Genieße diesen wunderbaren neuen Tag in vollen Zügen!

Danke, lieber Gott, für jeden neuen Tag.
Danke, dass du mir meine Probleme wegnimmst.

16. FEBRUAR

GOTT NIMMT UNS UNSERE FEHLER WEG

Glücklich sind alle, denen Gott ihre Sünden vergeben
und ihre Schuld zugedeckt hat!
Psalm 32, 1

Wir machen alle Fehler, und danach fühlen wir uns meistens ziemlich schlecht! Wir tun anderen zum Beispiel weh, bringen etwas durcheinander oder hören nicht auf unsere Eltern. Aber Gott sagt, dass er uns alles Böse vergeben will, wenn wir ihm sagen, dass es uns Leid tut. Vergebung bedeutet, dass Gott das Böse wegnimmt. Das ist so, als ob es niemals passiert wäre. Und das macht uns dann sehr glücklich.

Wenn ich etwas Böses getan habe, vergibt mir Gott.
Wir brauchen ihm nur zu sagen: „Es tut mir Leid."

GOTT VERLIERT MICH NIE AUS DEN AUGEN

Ich will dich lehren und dir sagen, wie du leben sollst;
ich berate dich, nie verliere ich dich aus den Augen.
Psalm 32, 8

Gott passt immer auf uns auf. Er hat uns die Bibel gegeben, damit wir wissen, was wir tun sollen. Er hört immer auf unsere Gebete. Er stellt uns Menschen zur Seite, wie zum Beispiel unsere Eltern, unsere Lehrer und unsere Freunde, um uns dabei zu helfen, zu lernen, zu wachsen und ihm nachzufolgen. So hält Gott ein Auge auf jeden von uns, jeden einzelnen Tag und für immer.

Durch meine Familie und meine Freunde zeigt mir Gott, was ich jeden Tag tun soll.

GOTT HÖRT GERN ZU

Als ich den Herrn um Hilfe bat, antwortete er mir und befreite mich von meinen Ängsten.
Psalm 34, 5

Manchmal fällt es uns schwer, uns solch einen großen Gott vorzustellen, der auf unsere kleinen Probleme hört. Aber dir zuzuhören, ist eine von Gottes Lieblingsbeschäftigungen. Er liebt dich so sehr, dass er es gar nicht erwarten kann, dass du seinen Namen rufst. Ob du nun Angst hast oder in Schwierigkeiten bist: Gott hat versprochen, dass er dir immer zuhören will und dir hilft, wann immer du zu ihm sprichst.

Gott hört mir immer zu, egal, was passiert. Er freut sich auf mich, und er hilft mir gern.

GROSSE SCHWIERIGKEITEN

Gott ist unsere Zuflucht und Stärke,
ein bewährter Helfer in Zeiten der Not.
Psalm 46, 2

Hattest du schon einmal so einen richtig schlechten Tag, an dem einfach alles schief ging? In der Bibel steht, dass es keinen Menschen gibt, der keine Probleme hat. Aber hier kommt die gute Nachricht: Wenn die Schwierigkeiten da sind, bist du nicht allein. Gott ist da, um dir zu helfen. Und er ist stärker und mächtiger als irgendeines deiner Probleme. Er kann dir helfen, alles durchzustehen!

Wenn ich Schwierigkeiten habe, brauche ich mir keine Sorgen zu machen. Gottes Stärke und Macht machen mich im Nu stark.

GOTT IST IMMER BEI UNS

Gott ist unser Herr für immer und ewig: allezeit wird er uns führen!
Psalm 48, 15

Hast du dich schon einmal verlaufen? Das ist ein Furcht erregendes Gefühl, nicht wahr? Wenn du dich verlaufen hast, wünscht du dir jemanden, der dir wieder den richtigen Weg zeigt. Genau das tut Gott mit uns. Er zeigt uns den richtigen Weg für unser Leben und bleibt bei uns um sicherzugehen, dass wir niemals verloren gehen. Wenn wir auf ihn hören und seine Anweisungen befolgen, wissen wir immer genau, welche Richtung wir einschlagen sollen.

Wenn du mein Führer bist, Herr, weiß ich eines ganz sicher: Du wirst mir immer zeigen, welchen Weg ich gehen soll.

GOTT RETTET MICH

Wenn du keinen Ausweg mehr siehst, dann rufe mich zu Hilfe! Ich will dich retten, und du sollst mich preisen.
Psalm 50, 15

Gibt es in deiner Familie einen Hund oder eine Katze? Haustiere brauchen uns, damit sie von uns gefüttert werden und jemanden haben, der sich um sie kümmert. Wenn dein Haustier Angst hat, dann sorgst du dafür, dass es sich geborgen fühlt. Und so kann dir Gott auch helfen, dass du dich sicher fühlst! Er bewahrt dich vor Schwierigkeiten, genau so, wie du dein Haustier retten würdest, wenn es in Gefahr wäre. Das Einzige, was du dabei tun musst, ist, Gott zu vertrauen.

Gott, du versprichst, mich zu retten.
Wenn ich in Schwierigkeiten bin, brauche ich dir nur zu vertrauen.

22. FEBRUAR

IMMER UND ÜBERALL

Abends und morgens und mittags … wird er meine Stimme hören.
Psalm 55, 18

Wusstest du, dass du jederzeit mit Gott reden kannst, wann immer du möchtest? Du kannst jeden Abend vor dem Schlafengehen ein Gebet sprechen. Du kannst mit Gott über deinen Tag reden, gleich nachdem du morgens aufgewacht bist. Du kannst ihm bei deiner Mittagsmahlzeit für das Essen danken. Und du kannst auch zwischendurch mit Gott sprechen – wenn du mit deinen Spielsachen spielst, mit deinen Freunden lachst oder mit deinem Papa spazieren gehst. Es gibt keinen Zeitpunkt, zu dem du nicht mit Gott reden kannst!

Gott hört mich jederzeit, wenn ich mit ihm sprechen will. Ich kann beten, während ich spiele, lache oder spazieren gehe.

23. FEBRUAR

DER RICHTIGE PFAD

Niemals lässt Gott den scheitern, der treu zu ihm steht.
Psalm 55, 23

Das Leben ist wie ein langer Spaziergang. Da sind kleine Zweige, über die du ohne Schwierigkeiten hüpfst, und große Baumstämme, über die du klettern musst. Manchmal verlierst du vielleicht die Orientierung, und ein anderes Mal weißt du ganz genau, welche Richtung du einschlagen musst. Ist es nicht wundervoll zu wissen, dass Gott an deiner Seite geht, während du durchs Leben läufst? Wenn du auf seinem Pfad folgst, wirst du niemals hinfallen oder dich verirren.

Gottes Pfad ist der beste Pfad, immer und ewig.
Wenn ich ihm nachfolge, werde ich nicht fallen.

24. FEBRUAR

GOTT IST MEIN HELD

Ich klammere mich an dich, und du hältst mich mit deiner starken Hand.
Psalm 63, 9

Hast du einen Lieblingshelden? Superhelden im Fernsehen haben oft ganz erstaunliche Kräfte. Sie bringen fast alles zu Stande. Aber Gott ist noch viel besser als ein Superheld. Er beschützt dich und sorgt auf eine Art für dich, die du oftmals gar nicht sehen kannst. Er ist der stärkste und beste Superheld, den du dir je vorstellen kannst!

Gott ist mein Held, er ist groß und stark.
Wenn er mich beschützt, kann mir nichts passieren.

25. FEBRUAR

IN GOTTES HÄNDEN

Gott erhält uns am Leben, er lässt uns nicht untergehen.
Psalm 66, 9

Wenn du ein kleines Tierchen in deinen Händen hältst, musst du sehr vorsichtig sein. Wenn du es zu fest drückst, könnte es verletzt werden. Aber wenn du es nicht fest genug hältst, könnte das Tierchen aus deinen Händen fallen und fortlaufen. Du musst es also genau richtig halten. In der Bibel steht, dass Gott unser Leben in seinen Händen hält. Er sorgt gut für uns und hält uns genau richtig in seinen Händen.

Gott hält mich fest in seinen Händen.
Er sorgt jeden Tag und jede Nacht für mich.

26. FEBRUAR

GOTTES LIEBE IST WIE DIE SONNE

Ja, Gott, der Herr, ist die Sonne, die uns Licht und Leben gibt.
Er ist der Schild, der uns beschützt. …
Allen, die untadelig leben, gewährt er das höchste Glück.
Psalm 84, 12

Wie würde das Leben ohne Sonne sein? Nun, es würde zunächst einmal sehr dunkel sein. Aber die Sonne gibt uns noch mehr als Licht. Sie gibt uns Wärme, und sie lässt vieles wachsen. Alles auf der Erde braucht die Sonne, um am Leben zu bleiben. In der Bibel steht, dass Gott wie die Sonne ist. Ohne ihn wäre jeder Tag dunkel und kalt und düster. Aber mit ihm ist jeder Tag voller Licht, Wärme und Fröhlichkeit.

Gott gibt uns Licht - wie die Sonne.
Ohne ihn wäre das Leben kalt und düster.

27. FEBRUAR

MEINE LIEBLINGSSACHEN

Der Herr selbst wird uns mit vielen Gütern beschenken.
Psalm 85, 13

Was sind deine Lieblingssachen? Magst du gerne Tiere? Blumen? Käfer? Äpfel? Deine Oma? Woher, denkst du, kommen deine Lieblingssachen? Richtig, Gott hat sie gemacht! Alles Schöne, was wir haben – von den Menschen, die wir lieben, bis hin zu den Leckereien, die wir genießen – alles ist ein Geschenk von Gott. Und Gott wird niemals aufhören, uns schöne Dinge zu schenken.

Alles Gute kommt von Gott im Himmel.
Alle seine Geschenke sind ein Zeichen seiner Liebe.

28. FEBRUAR

ERSTE HILFE

Ich weiß weder aus noch ein.
Darum schreie ich zu dir, und du wirst mich erhören.
Psalm 86, 7

Autsch! Es tut sehr weh, wenn du hinfällst und dir dein Knie aufschürfst! Du rennst zu deiner Mutti, die dich in ihre Arme schließt, deine Wunde säubert und einen Verband darum wickelt. Du hörst auf zu weinen und fühlst dich schon gleich ein wenig besser, nicht wahr? Obwohl Schürfwunden und Prellungen wahrhaftig keinen Spaß machen, macht es einen riesengroßen Unterschied zu wissen, dass Gott dir immer die Hilfe schicken wird, die du gerade brauchst.

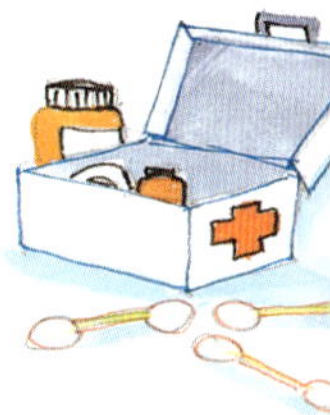

Wenn ich einmal hinfalle, werde ich laut rufen.
Und Gott wird mir immer Hilfe schicken.

ERZÄHL MIR EINE GESCHICHTE

Herr, von deiner Gnade will ich singen ohne Ende;
allen kommenden Generationen will ich erzählen, wie treu du bist.
Psalm 89, 2

Du kannst eine Menge interessante Dinge von älteren Leuten lernen – wie zum Beispiel von deiner Großmutter, deinem Großvater oder dem netten Nachbarn um den Block. Sie können dir zeigen, wie man fischt, über Felsen klettert oder Schneeengel macht. Aber eines der besten Dinge, die dir ältere Leute beibringen können, ist, wie du Gott vertrauen kannst. Wenn du also das nächste Mal mit Menschen zusammen bist, die schon eine lange Zeit hier auf der Erde gelebt haben, dann bitte sie, dir eine Geschichte aus ihrem Leben zu erzählen, als Gott ihnen geholfen hat. Ihre Geschichten werden dir helfen, daran zu denken, dass Gott immer bei dir sein wird, selbst wenn du einmal alt bist.

Gott ist bei mir, solange ich lebe.
Wenn ich einmal alt bin, kann ich viel davon erzählen.

März

I. MÄRZ

STARK UND GROSS

Wer Gott liebt, gleicht einer immergrünen Palme.
Psalm 92,13

Bäume gehören zu den ältesten Lebewesen der Erde. Einige Bäume sind Hunderte von Jahren alt! Bäume sind stark, und sie können fast überall wachsen. Sie können sowohl die heiße Sonne als auch den kalten Regen ertragen. In der Bibel steht, dass wir wie Bäume sind. Gott hat uns dazu befähigt, dass wir allem standhalten können. Mit Gottes Hilfe kannst du auch groß und stark werden - wie die Bäume.

Ich werde einmal so stark und so groß wie ein Baum. Mit Gottes Hilfe kann mich nichts erschüttern.

VOR FREUDE SINGEN

Lasst uns dankbar zu ihm kommen
und ihn mit fröhlichen Liedern besingen!
Psalm 95,2

Wenn du darüber nachdenkst, wie sehr Gott dich liebt, dann fällt es dir nicht schwer, dich zu freuen. Du möchtest dann einfach lauthals singen! Du kannst dir dein Lied auch als ein kleines Gebet vorstellen. Du kannst Gott sagen, wie groß er ist und wie froh du darüber bist, dass er für dich sorgt. Sing also ein Lied und zeig der ganzen Welt die Fröhlichkeit, die von einem liebenden Gott herrührt!

Wenn ich glücklich bin, singe ich lauthals vor Freude.
Ich singe über die Freude, die mir mein Gott schenkt!

3. MÄRZ

EWIGE FREUNDE

Denn der Herr ist gut zu uns, seine Gnade hört niemals auf.
Psalm 100,5

Weißt du, wie lange „ewig" ist? Das ist sehr viel länger als eine Woche oder ein Monat oder ein Jahr. „Ewig" ist solch eine lange Zeit, dass sie niemals zu Ende geht. Und genauso lange dauert Gottes Liebe zu dir an – ewig! Das bedeutet, dass dich Gott noch lange Zeit lieben wird, wenn die nächste Woche oder der nächste Monat oder sogar das nächste Jahr längst vorbei ist. Gott liebt dich länger, als du es dir überhaupt vorstellen kannst!

Gottes Liebe zu mir hört niemals auf.
Gott ist mein ewiger Freund.

HIMMELHOCH

Denn so hoch, wie der Himmel über der Erde ist,
so groß ist seine Liebe zu allen.
Psalm 103,11

Bis zum Himmel ist es eine lange Strecke, nicht wahr? Kannst du ihn berühren, wenn du hochhüpfst? Und kommst du bis zu dem Vogel dort oben? Kannst du sehen, wo der Himmel endet? Nein! Gottes Liebe ist so riesig und so atemberaubend wie der Himmel. Und genauso wie der Himmel hört auch Gottes Liebe niemals auf!

Gottes Liebe zu mir ist so groß wie der Himmel,
so weit und so klar und so riesig und so hoch!

5. MÄRZ

WEIT FORT

So fern, wie der Osten vom Westen liegt,
so weit wirft Gott unsere Schuld von uns fort!
Psalm 103,12

„Sünde" ist ein kleines Wort mit einer großen Bedeutung. Sünden sind verkehrte Dinge, die wir tun; Dinge, die andere Menschen verletzen, wie zum Beispiel Lügen oder Ärgern oder Ungehorsamsein. Aber wenn wir Gott sagen, dass es uns Leid tut, dann nimmt er alle diese Dinge fort. Er nimmt sie tatsächlich so weit fort, dass selbst er sie nicht mehr sieht. Wenn wir also etwas tun, was wir nicht hätten tun sollen, dann können wir es Gott mitteilen. Wir können ihm sagen, dass es uns Leid tut, und wir können wissen, dass Gott das Verkehrte, das wir getan haben, weit, weit fortnimmt.

Was tue ich, wenn ich etwas Verkehrtes getan habe?
Ich sage: „Es tut mir Leid, lieber Gott", und du nimmst es fort.

6. MÄRZ

FREI WIE EIN VOGEL

An ihren Ufern nisten die Vögel, in dichtem Laub singen sie ihre Lieder.
Psalm 104,12

Hast du jemals bemerkt, dass Vögel immer glücklich zu sein scheinen? Sie sind immerfort am Singen. Das ist deshalb so, weil Gott dafür sorgt, dass die Vögel alles haben, was sie brauchen. Er gibt ihnen Bäume, in denen sie wohnen können, und er gibt ihnen Würmer zu essen und Wasser zu trinken. Gott gibt uns auch alles, was wir brauchen, nicht wahr?

Ich bin glücklich, wie ein zwitschernder Vogel in einem Baum. Gott sorgt für mich, genau so, wie er auch für die Vögel sorgt.

7. MÄRZ

TAG FÜR TAG

Wenn du ein Heer zum Kampf aufstellst, wird dir dein Volk begeistert folgen. Feierlich geschmückt, voll jugendlicher Kraft, stehen dir die jungen Krieger in großer Zahl zur Seite.
Psalm 110,3

Wenn manche Dinge im Leben schwierig erscheinen, verlieren wir leicht den Mut. Vielleicht streiten deine Eltern manchmal oder jemand, den du lieb hast, ist krank. Oder vielleicht zieht dein bester Freund oder deine beste Freundin in einen anderen Ort. Aber Gott hat versprochen, dass er dir durch alle schwierigen Tage hindurch helfen möchte. Bitte ihn, dass er dir hilft, heute stark zu sein.

Gott ist immer bei mir.
Er schenkt mir jeden Tag neue Kraft.

GOTTES BESONDERES BUCH

Unser Gott ist im Himmel, …
Psalm 115,3

Gott lebt im Himmel. Aber er lebt auch in seinem Wort, der Bibel. Die Bibel ist voller wertvoller Dinge, von denen Gott möchte, dass wir sie kennen. Und sie ist voller aufregender Geschichten über Gott und seine Welt. Wenn du Gott kennen lernen willst, dann ist die Bibel eine hervorragende Quelle, um damit zu beginnen.

Die Bibel ist Gottes besonderes Buch.
Wenn du Antworten suchst, dann wirf einen Blick in die Bibel.

9. MÄRZ

NIE ZU BESCHÄFTIGT

Ich liebe den Herrn, denn er hat mich erhört,
als ich zu ihm um Hilfe schrie.
Psalm 116,1

Es macht keinen Spaß, sich mit jemandem zu unterhalten, der nicht richtig zuhört. Es ist enttäuschend, wenn du jemandem eine Geschichte erzählen oder eine Frage stellen möchtest, aber jeder zu beschäftigt ist, um dir zuzuhören. Aber Gott ist niemals zu beschäftigt, um dir zuzuhören. Wenn du ihm etwas zu erzählen hast, dann rufe einfach seinen Namen. Er ist da und bereit, dir zuzuhören und dir zu helfen.

Lieber Gott, ich habe dir viel zu erzählen - danke, dass du mir immer zuhörst.

10. MÄRZ

SÜSSE TRÄUME

Der Herr ist auf meiner Seite, und ich brauche mich vor nichts und niemandem zu fürchten.
Psalm 118,6

Wenn Schlafenszeit ist, hast du es vielleicht nicht immer gerne, allein in deinem dunklen Zimmer zu liegen. Aber Jesus ist bei dir, auch im Dunkeln, selbst mitten in der Nacht. Er beschützt dich sogar, während du schläfst. Du brauchst also keine Angst vor der Dunkelheit zu haben. Denke einfach daran, dass Jesus über dir wacht. Er sorgt dafür, dass du gut und tief schlafen kannst – und dass du schöne Träume hast.

Jesus beschützt mich auch während der Nacht, wenn ich fest schlafe. Und er schickt mir süße Träume.

11. MÄRZ

GOTTES WORTE BEGLEITEN MICH ÜBERALL

Tief präge ich mir dein Wort ein.
Psalm 119,11

Die Bibel ist voller Versprechen, die uns Gott gemacht hat. Viele von ihnen stehen im Buch der Psalmen. Einige von ihnen hast du bereits in diesem Buch gelesen. Diejenigen, die du am liebsten magst, kannst du auswendig lernen. Dann werden dich Gottes Worte überallhin begleiten!

Ich trage Gottes Wort immer bei mir, egal, wohin ich gehe.
In der Bibel stehen viele gute Dinge, die ich auswendig wissen möchte.

12. MÄRZ

EWIGE LIEBE

Deine Treue gilt für alle Zeiten. Durch sie erhältst du die Erde, seitdem du sie ins Dasein gerufen hast.
Psalm 119,90

Die Erde gibt es schon sehr lange. Gott liebte die Menschen, die auf der Erde leben, von Anfang an. Er liebte und sorgte für deine Eltern, als sie noch so klein waren wie du. Und er kümmerte sich auch um deine Großeltern und um deine Urgroßeltern! Gott schuf die Erde für eine lange Zeit, und Gottes Treue und Liebe dauern sogar noch länger an!

Gott liebte die Menschen von Anbeginn an. Seine Liebe wird immer und ewig andauern.

EIN LEUCHTENDES LICHT

Dein Wort ist wie ein Licht in der Nacht, das meinen Weg erleuchtet.
Psalm 119,105

Hast du schon einmal eine Nachtwanderung gemacht? Sie kann eine Menge Spaß machen, nicht wahr? Aber du brauchst eine Taschenlampe, damit du siehst, wohin du läufst und damit du nicht stolperst oder dich verirrst. Die Bibel ist wie eine Taschenlampe. Sie hilft uns zu sehen, wohin wir gehen sollen, und zeigt uns den richtigen Pfad, den wir nehmen sollen.

Gottes Wort wirft ein helles Licht auf meinen Weg.
Es sagt mir, was ich tun und was ich sagen soll.

MEIN GRÖSSTER HELFER

Ich schaue hinauf zu den Bergen – woher kann ich Hilfe erwarten? Meine Hilfe kommt vom Herrn, der Himmel und Erde gemacht hat!
Psalm 121,1-2

Gott schenkt dir viele Menschen, die dich lieb haben und dir helfen. Deine Eltern können dir helfen herauszufinden, was du tun sollst, wenn du ratlos bist. Der Arzt kann dafür sorgen, dass es dir besser geht, wenn du krank bist. Dein bester Freund oder deine beste Freundin können dich aufheitern, wenn du traurig bist. Gott hat dir deine Eltern geschenkt, die dich lieb haben, Ärzte, die dich gesund machen und Freunde, die dich zum Lachen bringen. Gott schenkt dir jede Hilfe, die du brauchst!

An wen kann ich mich wenden, wenn ich Hilfe brauche? Ich rufe zu Gott, dem Schöpfer aller Dinge.

15. MÄRZ

GOTT IST IMMER WACH

Der Herr wird nicht zulassen, dass du fällst; er, dein Beschützer, schläft nicht.
Psalm 121,3

Deine Mutti und dein Papa tun alles, was sie können, um auf dich aufzupassen. Dennoch kann es passieren, dass du dir wehtust. Wenn du zum Beispiel von irgendwo herunterfällst, möchten sie bei dir sein, um dir zu helfen. Gott liebt es auch, dir zu helfen. Wie deine Eltern so möchte auch er, dass dir nichts passiert. Aber im Unterschied zu deinen Eltern, die nicht ununterbrochen wach sein können, schläft Gott niemals. Er wendet seine Augen niemals von dir ab.

Gott wacht immer über mir, sowohl am Tag als auch in der Nacht, ob ich wach bin oder ob ich schlafe: Er ist immer bei mir.

GOTT WACHT ÜBER DIR

Der Herr gibt auf dich Acht; … Tagsüber wird dich die Sonnenglut nicht verbrennen, und in der Nacht wird der Mond dir nicht schaden.
Psalm 121, 5-6

Gott wacht immer über dir. Er ist niemals zu beschäftigt. Gott selbst, der die ganze Welt gemacht hat, wacht über dir, 24 Stunden am Tag! Du brauchst niemals Angst zu haben oder daran zu zweifeln, ob Gott auch wirklich da ist. Ob du nun wach bist oder schläfst: Gott ist da, ganz nahe bei dir.

Gott wacht immer über mir.
Ob ich wach bin oder ob ich schlafe: Er ist immer da.

17. MÄRZ

EIN SICHERER HORT

Der Herr schützt dich vor allem Unheil, er bewahrt dein Leben.
Psalm 121,7

Warst du jemals ohne einen Regenschirm draußen im Regen? Du wirst nass und kalt und fühlst dich unbehaglich. Unter einem Regenschirm kannst du schön trocken bleiben. Nun, bei Gott ist es so ähnlich wie unter einem Regenschirm. Er bietet dir Schutz und Sicherheit. Bei ihm kannst du dich vor den Dingen verstecken, die dir schaden könnten. Aber im Unterschied zu einem Regenschirm ist Gott immer bei dir. Und du musst nicht erst in deinem Schrank nach ihm suchen!

Gott ist wie ein Regenschirm:
Er ist mein Schutz. Bei ihm bin ich in Sicherheit.

18. MÄRZ

DAS SCHÖNSTE GESCHENK

Auch Kinder sind ein Geschenk des Herrn.
Psalm 127,3

Was ist das schönste Geschenk, das du jemals bekommen hast? Ein Spiel? Ein Ausflug in den Zoo an deinem Geburtstag? Es ist immer schön, Geschenke zu bekommen, besonders solche, die du sehr gern magst. Wusstest du, dass Gott deinen Eltern ein ganz besonderes Geschenk gemacht hat? Dich! Der Tag, an dem du geboren wurdest, ist ein Tag, den deine Eltern niemals vergessen werden. Frage einmal deine Eltern, was das schönste Geschenk ist, das sie jemals bekommen haben. Sie werden dir sagen, was es ist. Das schönste Geschenk, das deine Eltern bekommen haben, bist du!

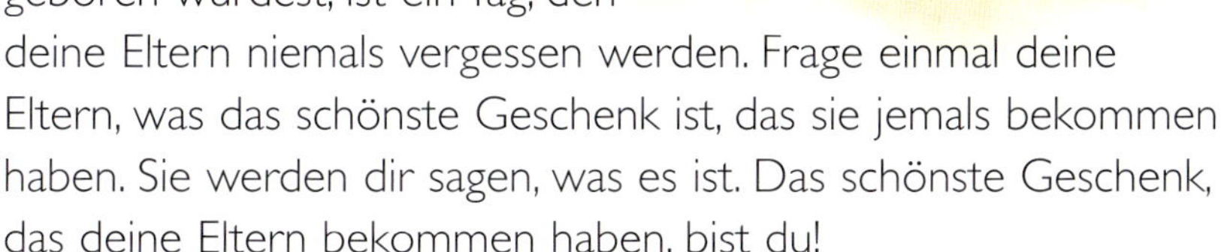

Gott hat meinen Eltern ein wundervolles Geschenk gemacht. Dieses atemberaubende Geschenk bin ich!

19. MÄRZ

„DANKE SCHÖN!“

Dankt dem Herrn, denn er ist gut.
Psalm 136,1

Wenn ein Freund etwas Gutes für dich tut, dann freust du dich. Du lächelst und sagst: „Danke schön!“ Gott tut auch viele gute Dinge für dich. Und er freut sich sehr, wenn du ihm auch danke schön sagst. Das nächste Mal, wenn du eines der vielen wundervollen Dinge siehst, die Gott dir geschenkt hat, wie zum Beispiel ein kuscheliges Bett oder ein sonniger Morgen, dann vergiss nicht, ihm danke zu sagen!

Es gibt so viele Dinge, für die ich Gott danken kann - mein Haus, meine Familie, meine Freunde und vieles andere mehr.

20. MÄRZ

NAHRUNG FÜR DICH

Allen Geschöpfen gibt er zu essen.
Psalm 136,25

Als Gott uns geschaffen hat, wusste er, dass wir essen müssen, also gab er uns Nahrung. Nicht irgendwelche Nahrung, sondern richtig gute Nahrung! Die Marmelade auf deiner Scheibe Brot morgens stammt von herrlichen Früchten, die Gott wachsen lässt. Die gute Milch in deinem Glas kommt von einer Kuh, die Gott geschaffen hat. Schokolade, Eis und sogar Pizza werden alle von Gottes guten Zutaten gemacht. Eines ist sicher: Gott ist ein wundervoller Koch!

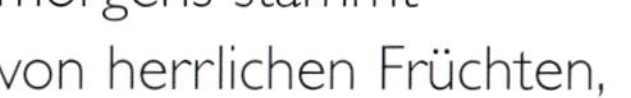

Gott gibt mir wundervolle Nahrung zu essen -
Obst und Gemüse und alle meine Lieblingsspeisen.

21. MÄRZ

FRAGEN UND ANTWORTEN

Als ich zu dir um Hilfe schrie, hast du mich erhört und mir neue Kraft geschenkt.
Psalm 138,3

Hast du jemals für etwas gebetet und es ist ganz anders gekommen? Wenn du Gott um ein kleines Brüderchen bittest und dann doch ein Schwesterchen bekommst oder wenn du betest, dass dein Großvater wieder gesund wird, und es geht ihm danach nicht besser, dann hast du vielleicht das Gefühl, dass Gott dich gar nicht gehört hat. Aber Gott beantwortet wirklich alle deine Gebete. Er antwortet uns, indem er uns hilft, das Baby zu lieben, das er uns geschickt hat, oder indem er uns tröstet, wenn jemand, den wir lieb haben, krank ist. Gott gibt uns nicht immer die erwartete Antwort, aber er gibt uns die Antwort, die wir brauchen.

Gott beantwortet alle meine Gebete.
Seine Antwort ist das Versprechen, dass er immer bei mir sein wird.

FREUNDE

Selbst wenn ich von allen Seiten bedrängt werde,
erhältst du mich am Leben!
Psalm 138,7

Hast du jemals irgendetwas angefangen und dann bemerkt, dass du allein nicht mehr weiterkommst? Wenn dann Hilfe kam, hast du dich bestimmt gleich viel besser gefühlt. Alles, was wir oftmals brauchen, ist ein Mensch, der uns weiterhilft. Wenn uns ein Freund hilft, erscheint uns unser Problem gar nicht mehr so groß. Egal, was passiert, denke immer daran, dass Gott versprochen hat, dir immer genau die Hilfe zu schicken, die du gerade brauchst.

Ich bin niemals allein, deshalb brauche ich keine Angst zu haben. Egal, was passiert, Gott schickt mir immer Hilfe.

23. MÄRZ

GROSSE PLÄNE

Ja, Herr, du wirst dich auch in Zukunft um mich kümmern.
Psalm 138,8

Es macht riesigen Spaß, Luftschlösser zu bauen. Du kannst zum Beispiel davon träumen, einmal eine große Sängerin oder ein berühmter Fußballspieler zu werden. Du weißt nicht, wie dein Leben aussieht, wenn du einmal erwachsen bist, aber Gott weiß es. Er hat dir besondere Gaben und Talente gegeben, mit denen du dazu beitragen kannst, die Welt schöner zu machen. Zusammen mit Gott wirst du eine wunderbare Zukunft haben!

Wer weiß schon, wie meine Zukunft aussehen wird?
Gott weiß es, und er hat wundervolle Pläne für mein Leben!

24. MÄRZ

EIN BESONDERES GESCHÖPF

Herr, … du kennst mich durch und durch. …
Von allen Seiten umgibst du mich.
Psalm 139,1.5

Wenn du ein Bild malst, dann wählst du Farben aus und verwendest sie dort, wo du sie haben möchtest. Wenn du einen Schneemann baust, dann entscheidest du, wo seine Nase sein soll. Wenn du irgendetwas zusammenbaust, dann weißt du alles darüber, bis ins kleinste Detail. Als Gott dich geschaffen hat, wählte er alle deine Bestandteile sorgfältig aus und setzte sie zusammen. Deshalb kennt und liebt er alles an dir. Du bist sein besonderes Geschöpf.

Gott kennt mich ganz genau.
Er kennt mich inwendig und auswendig.

HIER, DORT UND ÜBERALL

Eilte ich dorthin, wo die Sonne aufgeht, oder versteckte ich mich im äußersten Westen, wo sie untergeht, dann würdest du auch dort mich führen und nicht mehr loslassen.
Psalm 139,9-10

Die Welt ist voller interessanter Orte. Zum ersten Mal mit einem Flugzeug zu fliegen ist sehr aufregend. Oder mit der Bahn zu fahren oder auf einem See zu segeln! Aber egal, wohin du gehst – in die Ferien, zu deinen Großeltern, in ein anderes Land – Gott geht immer mit. Er ist immer an deiner Seite, auf allen deinen Abenteuern.

Egal, wohin ich gehe, egal, was ich tue:
Gott ist immer und überall dabei.

MIT LIEBE GESCHAFFEN

Du hast mich geschaffen – meinen Körper und meine Seele, im Leib meiner Mutter hast du mich gebildet.
Psalm 139,13

Du weißt, dass Gott dich liebt. Aber hast du auch gewusst, dass er dich bereits geliebt hat, noch bevor du geboren wurdest? Gott ist derjenige, der dich geschaffen hat und der dich im Bauch deiner Mutti hat groß werden lassen. Gott ist derjenige, der bestimmt hat, welche Farbe deine Augen haben sollen und wie lang deine Nase sein soll. Gott hat dich mit viel Liebe und Sorgfalt gestaltet, so dass du genau richtig bist. Und das bist du!

Lieber Gott, du hast mir meine Hände und meine Haare gegeben. Du hast mich mit großer Liebe und Sorgfalt geschaffen.

DU BIST ETWAS BESONDERES

Herr, ich danke dir dafür, dass du mich so wunderbar und einzigartig gemacht hast!
Psalm 139,14

Denkst du manchmal, dass deine Füße zu groß sind oder deine Augen zu grün oder dass du zu viele Sommersprossen hast? Die Wahrheit ist: Gott wollte, dass jeder von uns einzigartig ist. Er machte dich genau so, wie er dich haben wollte. Wenn Gott dich ansieht, sieht er keine großen Füße oder sommersprossige Wangen. Er sieht jemanden, den er liebt, jemanden, den er wundervoll findet!

Gott hat aus mir etwas ganz Besonderes gemacht. Und du bist auch etwas ganz Wundervolles!

28. MÄRZ

GOTTES WUNDERBARE LIEBE

Auf das Wort des Herrn kann man sich verlassen,
und was er tut, das tut er aus Liebe.
Psalm 145,13

Die Bibel ist voll von Versen, die uns an Gottes Verheißungen und seine Liebe zu uns erinnern. Vielleicht wunderst du dich manchmal, warum in der Bibel immer wieder die gleichen Dinge wiederholt werden. Das ist so, weil die wichtigste Lektion, die uns die Bibel erteilt, die ist, dass Gott uns mehr liebt, als wir es uns überhaupt vorstellen können. Und es lohnt sich auf alle Fälle solch eine gute Botschaft immer wieder weiterzusagen.

Die Bibel ist voll von Gottes Worten.
Das schönste Wort von allen ist seine wunderbare Liebe.

29. MÄRZ

GUTE UND SCHLECHTE ZEITEN

Wer keinen Halt mehr hat, den hält der Herr;
und wer schon am Boden liegt, den richtet er wieder auf.
Psalm 145,14

Jede Familie geht durch harte Zeiten. Manchmal stirbt jemand, den wir lieb haben, oder es ist nicht genügend Geld da, um besondere Sachen zu kaufen, oder Mütter und Väter haben Schwierigkeiten, miteinander klarzukommen. Gott hat uns versprochen, dass er uns gerade in solchen Zeiten aufbauen und helfen will. Das heißt nicht, dass harte Zeiten von heute auf morgen verschwinden, aber es bedeutet, dass du sie nicht allein durchstehen musst.

Gott hilft mir durch gute und durch schlechte Zeiten.
Er ist immer da, ob ich fröhlich oder traurig bin.

SPRICH MIT GOTT

Der Herr ist denen nahe, die zu ihm beten.
Psalm 145,18

Obwohl Gott unsagbar mächtig ist, brauchst du dich nicht zu fürchten, mit ihm zu reden. Vielleicht denkst du, dass nur wichtige Leute mit Gott sprechen können oder dass du besondere Worte benutzen oder an einem besonderen Ort sein musst, um zu beten. Aber Gott hört jedem zu, ganz egal, wer das ist oder welche Worte man benutzt oder wo man sich gerade befindet. Wenn du Gott brauchst, dann sprich einfach mit ihm!

Wo immer ich mich gerade befinde, was immer ich auch sage: Gott ist allezeit bereit, mir zuzuhören, wenn ich zu ihm spreche.

GOTT HAT ES VERSPROCHEN!

Niemals bricht Gott sein Wort!
Psalm 146,6

Gott hat in der Bibel viele Versprechen gemacht. Er versprach Noah, dass er niemals wieder eine Flut senden würde, und dann ließ er einen Regenbogen am Himmel erscheinen, damit Noah sich daran erinnern könnte. Er versprach Abraham und Sarah, dass sie ein Baby haben würden, obwohl die beiden damals noch älter als deine Großeltern heute waren. Er versprach den Israeliten, dass sie immer genug zu essen haben würden, selbst als sie in der Wüste lebten. Und Gott hielt jedes einzelne seiner Versprechen. Wenn Gott sagt, dass er etwas tun wird, dann geschieht es auch.

Wenn Gott etwas verspricht, dann geschieht es. Er hält jedes Versprechen, das er mir und dir gemacht hat!

April

ETWAS NETTES SAGEN!

Alles, was lebt, lobe den Herrn!
Psalm 150, 6

Es gibt nichts Schöneres, als wenn jemand etwas Nettes über dich sagt. Wenn dir deine Mutti sagt, dass du klug bist, dann ist das ein schönes Gefühl. Oder wenn dir dein Lehrer sagt, dass du das Einmaleins sehr gut gelernt hast. Oder wenn dir dein Freund sagt, dass er dich mag. Genauso freut sich Gott, wenn man ihm etwas Nettes sagt. Sprich mit ihm und sag ihm, wie sehr du ihn lieb hast und wie dankbar du für alles bist, was er für dich getan hat!

Es ist nicht schwer, anderen etwas Nettes zu sagen. Es macht andere glücklich - und dich selbst auch!

2. APRIL

BERUF „ELTERN“

Mein Sohn, denke immer an die Ermahnungen deines Vaters, und habe die Weisung deiner Mutter stets vor Augen.
Sprüche 1, 8

Weißt du, warum dir deine Mutti und dein Papa immer sagen, was du tun sollst und wie du es tun sollst? Das ist tatsächlich ihr Beruf! Gott hat dir deine Eltern gegeben, damit sie dir beibringen, wie du auf dich aufpassen sollst. Er möchte, dass du gesund und glücklich bist, wenn du groß wirst. Deshalb ist es wichtig, dass du darauf Acht gibst, was dir deine Eltern sagen, und dass du tust, worum sie dich bitten.

Gott hat mir meine Eltern geschenkt, die mir dabei helfen, erwachsen zu werden. Meine Eltern haben mich lieb und bringen mir Dinge bei, die ich wissen muss.

3. APRIL

ÜBERALL, WO ICH HINSEHE

Hört, was ich euch sagen will! Dann überschütte ich euch mit dem Reichtum meiner Weisheit und teile mit euch meine Lebenserfahrung.
Sprüche 1,23

Wusstest du, dass Gott immer und überall ist, selbst wenn du ihn nicht sehen kannst? Überall, wo du hinsiehst, kannst du Zeichen der Allgegenwärtigkeit Gottes sehen. Die Bäume, die Blumen, die Vögel und die Schmetterlinge, sie alle erinnern an Gottes Liebe und die Versprechen, die er uns gegeben hat. Jedes Mal, wenn du etwas siehst, was Gott gemacht hat, dann denke daran, dass er bei dir ist.

Egal, wo ich hinsehe, überall erblicke ich Gottes wundervolles Werk: in den Blumen, den Vögeln und in den Bäumen.

4. APRIL

SCHÖNE GESCHENKE

Sei gütig und treu, und werde nicht nachlässig, sondern sporne dich immer wieder an!
Sprüche 3, 3

Was sind die zwei schönsten Geschenke, die du einem Freund machen kannst? Treue und Freundlichkeit. Treue bedeutet, dass du immer zu deinem Freund hältst, selbst wenn andere Kinder sich über ihn lustig machen. Egal, was passiert, du bleibst immer sein Freund. Freundlichkeit bedeutet, dass du dir über die Wünsche deines Freundes Gedanken machst. Es bedeutet, nette Dinge für jemanden zu tun, wie zum Beispiel ihn eine Weile mit deinem Lieblingsspielzeug spielen zu lassen. Wenn du treu und freundlich bist, werden dir die Freunde niemals ausgehen!

Lieber Gott, bitte hilf mir, ein guter Freund zu sein - einer, der immer treu und freundlich ist.

5. APRIL

NEUE DINGE LERNEN

Verlass dich nicht auf deine eigene Urteilskraft, sondern vertraue voll und ganz dem Herrn!
Sprüche 3, 5

Hast du schon einmal versucht, etwas zu tun, was dir nicht leicht gefallen ist? Vielleicht ging es dir so, als du gelernt hast, deine Schuhe zuzuschnüren. Du hast es immer und immer wieder versucht, aber du brauchtest doch noch ein bisschen Hilfe dabei. Es ist nicht leicht, Dinge ganz allein zu tun. Deshalb möchte Gott, dass wir ihn um Hilfe bitten, wenn wir Hilfe brauchen. Gott hat uns einen Verstand gegeben, mit dem wir neue Dinge lernen können. Und wir können ihm vertrauen, dass er uns Menschen schickt, die uns dabei helfen, neue Dinge zu tun.

Gott hilft mir immer, wenn ich neue Dinge lerne, ob ich ein Buch lese oder meine Schuhe schnüre!

KLUG UND WEISE

Glücklich der Mensch, der weise und urteilsfähig geworden ist!
Er ist reicher als jemand, der Silber und Gold besitzt.
Sprüche 3, 13

Eines der besten Dinge beim Erwachsenwerden ist zu entdecken, wie man neue Dinge tut. Zu lernen sich selbst anzuziehen oder den eigenen Namen zu schreiben oder ein Buch zu lesen, kann ganz schön aufregend sein. Wenn du lernst, neue Dinge zu tun, bekommst du das, was die Bibel Weisheit nennt. Weisheit bedeutet, kluge Entscheidungen zu treffen und Gott nachzufolgen. Deshalb höre niemals auf zu lernen!

Wenn du klug und weise werden willst,
folge Gott mit deinem ganzen Herzen nach.

7. APRIL

GUTE TRÄUME VON GOTT

Dein Schlaf ist ruhig und tief.
Sprüche 3, 24

Bevor du dich umsiehst,
ist der Tag schon vorüber, und es ist Zeit, ins Bett zu gehen! Manchmal fällt es schwer, ins Bett zu gehen und einzuschlafen. Du würdest lieber noch ein bisschen weiterspielen. Du wünschst dir, dass dir jemand nur noch eine Geschichte vorliest. Aber dein Körper muss sich eine ganze Nacht lang ausruhen, damit du jeden Tag viel Spaß haben kannst. Deshalb kuschle dich unter deine Decke und schließe deine Augen. Und denke daran, dass Gott versprochen hat, dir gute Träume zu schicken!

Lieber Gott, wenn ich zu Bett gehe,
bist du bei mir und schickst mir gute Träume.

8. APRIL

SCHRITT FÜR SCHRITT

Denn der Herr beschützt dich; er lässt dich nicht in eine Falle laufen.
Sprüche 3, 26

Was würdest du wohl ohne deine Füße tun? Wahrscheinlich denkst du gar nicht viel über deine Füße nach, aber du gebrauchst sie sehr oft! Mit deinen Füßen kannst du schnell rennen und hoch hüpfen. Du kannst mit ihnen ein Tor schießen, ins Fahrradpedal treten, große Hügel hinauf- und hinunterlaufen oder auf einem Skateboard fahren. Wenn du etwas Neues ausprobierst, dann danke Gott für deine zwei starken Füße. Und vergiss nicht: Er begleitet dich auf jedem Schritt deines Weges.

Gott ist immer bei dir, du brauchst keine Angst zu haben.
Er begleitet dich auf jedem Schritt, den du gehst.

GOTT IST GROSSARTIG

Alle Weisheit beginnt damit, dass man Ehrfurcht vor Gott hat.
Sprüche 9, 10

Warum heißt es wohl in der Bibel, dass du Gott „fürchten" sollst? Immerhin ist Gott dein allerbester Freund. Und vor einem Freund solltest du doch eigentlich keine Angst haben, oder? Aber Gott ist mehr als ein Freund. Er ist der großartige und mächtige Schöpfer des ganzen Universums! Gott zu „fürchten" bedeutet, dass du Respekt vor ihm hast und daran denkst, wie großartig er ist.

Gott ist ein großartiger und ein mächtiger Gott.
Und dennoch ist er mein Freund, und deiner auch!

10. APRIL

ECHTE LIEBE

Liebe sieht über Fehler hinweg.
Sprüche 10, 12

Bist du jemals auf deine Mama oder deinen Papa wütend gewesen? Dann bist du nicht der Einzige! Alle Kinder sind manchmal auf ihre Eltern wütend. Aber wenn du jemanden lieb hast, dann fällt es schwer, lange Zeit böse auf ihn zu sein. Einen Menschen lieb zu haben heißt, ihm zu vergeben, wenn er einen Fehler gemacht hat. Es bedeutet, freundlich zu sein, auch wenn der andere nicht immer freundlich zu dir ist. Und – was am allerwichtigsten ist – einen Menschen lieb zu haben bedeutet, dass du dich so um ihn kümmerst, wie Gott sich um dich kümmert.

Wenn ich auf jemanden böse bin, den ich lieb habe, kann ich ihn mit Gottes Hilfe dennoch lieb haben.

ANDEREN HELFEN

Wer anderen Gutes tut, dem geht es selber gut;
wer anderen hilft, dem wird geholfen.
Sprüche 11, 25

Kennst du eine Möglichkeit, wie du jemandem helfen kannst, den du lieb hast? Du könntest zum Beispiel deinem kleinen Bruder beim Anziehen helfen. Oder das Geschirr abspülen, ohne dass dich jemand darum bittet. Du kannst die Fische füttern oder den Mülleimer leeren oder die Blätter fegen. All dies sind verschiedene Möglichkeiten, wie du anderen zeigen kannst, dass du sie lieb hast. Wie kannst du heute jemandem helfen?

Wenn ich anderen helfe und das tue, was ich tun soll, zeige ich, dass ich sie lieb habe, und das macht mein Herz fröhlich.

12. APRIL

TIEFE WURZELN

Nur wer Gott vertraut, steht fest wie ein tief verwurzelter Baum.
Sprüche 12, 3

Hast du schon einmal einen Baum gesehen, der nach einem großen Sturm umgefallen ist? Starke Stürme und heftige Regenfälle können selbst den größten Baum aus seinen Wurzeln reißen. Aber bei Bäumen, deren Wurzeln tief in der Erde liegen, ist die Wahrscheinlichkeit viel größer, dass sie stehen bleiben, egal, wie stark der Sturm ist. Gott möchte, dass wir unsere „Wurzeln" in ihn hineinpflanzen. Je mehr wir über ihn wissen und je größer unser Vertrauen zu ihm ist, umso tiefer werden unsere Wurzeln. Und diese Wurzeln werden uns helfen standzuhalten, in guten und in schlechten Zeiten.

Meine Wurzeln sind stark - wie die von einem Baum!
Ich werde Gott mein ganzes Leben lang vertrauen.

VERSPROCHEN IST VERSPROCHEN!

Der Herr … freut sich über ehrliche Menschen.
Sprüche 12, 22

Es ist leicht, ein Versprechen zu machen, nicht wahr? Vielleicht hast du versprochen, dein Bett zu machen oder die Katze zu füttern. Aber es passiert auch leicht, dass du mit etwas anderem beschäftigt bist und vergisst, was du versprochen hast. Manchmal ist es schwer, ein Versprechen einzuhalten! Aber das zu tun, was man versprochen hat, ist ein Zeichen dafür, dass man erwachsen wird. Deshalb sollst du halten, was du versprochen hast!

Ich will jeden Tag meine Versprechen halten.
Versprochen ist versprochen und wird auch nicht gebrochen!

WAHRE REICHTÜMER

Einer gibt vor, reich zu sein – ist aber bettelarm.
Ein anderer stellt sich arm und besitzt ein Vermögen.
Sprüche 13, 7

Für manche Leute ist Geld sehr wichtig. Aber mit Geld kann man nicht die Dinge kaufen, die wirklich glücklich machen, wie zum Beispiel Freunde oder Spaß oder Liebe. Natürlich ist es schön, Geld zu haben. Du kannst damit viele Spielsachen kaufen. Aber Freunde zu haben, mit denen du lachen kannst, und eine Familie, die dich lieb hat, ist weit besser als alle Spielsachen. Wenn du Gott in deinem Herzen trägst und Menschen hast, die dich lieb haben, bist du das reichste Kind weit und breit!

Ich bin unendlich reich, weil ich Gott in meinem Herzen trage und eine Familie habe, die mich lieb hat.

15. APRIL

EINE FREUNDLICHE ANTWORT

Eine freundliche Antwort vertreibt den Zorn,
aber ein kränkendes Wort lässt ihn aufflammen.
Sprüche 15, 1

Wenn jemand wütend auf dich ist, neigst du leicht dazu, auch wütend zu werden. Und schon rufen und schreien alle wild durcheinander. Aber Probleme werden viel schneller gelöst, wenn man ruhig bleibt. Wenn du zu anderen freundlich sprichst, selbst wenn du wütend auf sie bist (oder sie auf dich), dann gibt du ihnen eine „freundliche" Antwort. Und das gefällt Gott!

Ich möchte freundlich sein,
deshalb werde ich nicht laut rufen und schreien.
Ich werde versuchen, ruhig zu bleiben und eine Lösung zu finden.

16. APRIL

ES GIBT IMMER ETWAS GUTES!

Ein freundliches Wort schenkt Freude am Leben,
aber eine böse Zunge verletzt schwer.
Sprüche 15, 4

Wie fühlst du dich, wenn du Fußball spielen willst und es beginnt zu regnen? Oder wenn du nachmittags zum Kaffee ein Stück Pflaumenkuchen haben möchtest, aber es gibt nur Apfelkuchen? Die Dinge verlaufen nicht immer so, wie wir es gerne hätten. Aber Jammern und Klagen helfen nicht. Sie machen alles nur noch schlimmer. Wenn die Dinge also beim nächsten Mal nicht so verlaufen, wie du dir vorgestellt hast, dann denke statt dessen an das Gute. Es wird nicht lange dauern, und du wirst dich schon viel besser fühlen!

Selbst wenn die Dinge nicht so verlaufen, wie ich sie mir vorgestellt habe, ich kann auch immer etwas Gutes sehen.

17. APRIL

EIN GLÜCKLICHES LÄCHELN

Einen fröhlichen Menschen erkennt man an seinem strahlenden Gesicht.
Sprüche 15, 13

Was tust du, wenn du glücklich bist? Lachen? Singen? Rennen? Hüpfen? Jemanden umarmen? Kichern? Jeder zeigt seine Freude auf eine andere Art. Aber eines tun wir alle: Wir lächeln. Wenn du glücklich bist, dann kannst du es gar nicht vermeiden, dass ein Lächeln über dein Gesicht huscht und für eine Weile dort ruht. Du kannst also singen und kichern und hüpfen und lächeln. Es gibt so viele Dinge, über die du glücklich sein kannst!

Wenn ich glücklich bin, dann kann ich gar nicht anders, als zu lächeln. Und mein Lächeln bleibt eine ganze Weile auf meinem Gesicht!

18. APRIL

KLEINE UND GROSSE DINGE

Vertraue Gott deine Pläne an, er wird dir Gelingen schenken.
Sprüche 16, 3

Gott kümmert sich um alles, was du tust. Es macht ihn froh, wenn du mit ihm sprichst und in der Bibel über ihn liest. Er ist froh, wenn du ein Bild zeichnest, mit deiner Schwester spielst oder deine Kleider aufräumst. Gott ist an allem interessiert, was du tust, von den kleinen Dingen bis hin zu den großen. Denke daran, ihm alle deine Pläne mitzuteilen!

Lieber Gott, ich möchte dir von allen meinen Plänen berichten, den großen und den kleinen, denn du verstehst sie alle!

19. APRIL

VERTRAUEN UND GEHORSAM

Wer auf das hört, was ihm beigebracht wird, ist erfolgreich;
und wer dem Herrn vertraut, der findet Glück.
Sprüche 16, 20

In der Bibel steht, dass wahres Glück darin besteht, Gott zu vertrauen und ihm gehorsam zu sein. Wenn du Gott vertraust und ihm gehorsam bist, dann fließt dein Herz über vor lauter Liebe. Dein Geist ist voller guter Gedanken. Du bist zu allen Menschen um dich herum freundlich und möchtest ihnen gute Dinge tun. Du genießt jeden einzelnen Augenblick des Tages. Du bist ein glückliches und gesegnetes Kind, weil du Gott vertraust, dass er für dich sorgt!

Gott sorgt jeden Tag für mich. Ich bin ein glückliches und gesegnetes Kind, wenn ich Gott gehorsam bin!

20. APRIL

FREUNDLICHE WORTE

Ein freundliches Wort ist wie Honig:
angenehm im Geschmack und gesund für den Körper.
Sprüche 16, 24

Du weißt selbst, wie gut es tut, wenn dir jemand sagt, wie wundervoll du bist. Wäre es nicht schön, wenn du auch dazu beitragen könntest, dass sich jemand anderes genauso gut fühlt? Sag doch einfach einmal einem Freund, was du an ihm magst. Oder sag deiner Mama oder deinem Papa, wie froh du darüber bist, dass Gott eine Familie aus euch gemacht hat. Sag Danke zu deinem Lehrer, sag deiner Oma, dass du sie lieb hast, sag eurem Nachbarn Guten Tag. Ein wenig Freundlichkeit kann für einen anderen Menschen den ganzen Tag die Sonne scheinen lassen.

Freundliche Worte tun jedem gut.
Deshalb sei großzügig mit ihnen.

EIN ECHTER FREUND

Auf einen Freund kannst du dich immer verlassen.
Sprüche 17, 17

Es macht Spaß, mit Freunden zu spielen, solange es keinen Streit gibt. Was aber, wenn jemand etwas Gemeines zu einem anderen sagt? Du kannst dich anschließen und auch gemein sein. Aber ein richtiger Freund tritt für andere ein, gerade dann, wenn jemand von anderen geärgert wird. Es ist nicht immer leicht, ein treuer Freund zu sein. Aber Gott möchte, dass wir freundlich sind und einander helfen. Und er gibt dir den Mut, ein richtiger Freund zu sein.

Wenn jemand meinen Freund ärgert, werde ich für ihn eintreten, und das macht Gott glücklich.

ZUM SEGEN SEIN

Wer aufrichtige Eltern hat, die Gott dienen,
der kann sich glücklich schätzen!
Sprüche 20,7

Es gibt so viele Menschen, und jeder ist anders. Außerdem hat Gott jedem von uns unterschiedliche Begabungen und Fähigkeiten geschenkt. Das ist genau das, was unsere Welt so interessant macht. Aber ganz egal, wie du aussiehst oder was für eine Begabung du hast, Gott möchte, dass du aufrichtig bist und ein ehrliches Leben führst. Wenn du das tust, wirst du anderen Menschen zum Segen sein.

Manche Menschen sind klein, andere groß, manche weiß, andere schwarz. Egal, wie ich aussehe, ich möchte anderen Menschen zum Segen sein!

23. APRIL

SEIN BESTES TUN

Wer freundlich ist und andere gerecht behandelt, hat ein erfülltes Leben, er findet Anerkennung und Ehre.
Sprüche 21, 21

Gott weiß, dass niemand perfekt ist. Wir machen alle Fehler. Aber wir können jeden Tag versuchen, unser Allerbestes zu tun. Wir können Gott darum bitten, dass er uns hilft, gut, liebevoll und freundlich zu sein. Deshalb brauchst du dir keine Sorgen zu machen, perfekt zu sein. Gott ist schon glücklich, wenn du dein Bestes tust.

Niemand ist perfekt, das weiß Gott!
Aber er hilft mir, jeden Tag mein Bestes zu tun.

24. APRIL

GOTT HAT MICH LIEB

Erziehe dein Kind schon in jungen Jahren –
es wird die Erziehung nicht vergessen, auch wenn es älter wird.
Sprüche 22, 6

Als du ein kleines Baby warst, konntest du außer essen und schlafen und süß aussehen nicht viel tun. Und nun sieh dich heute an! Jetzt kannst du laufen, sprechen, Witze erzählen und Lieder singen. Deine Eltern haben dir Stück für Stück geholfen, alle diese Dinge zu lernen. Sie wollen dir so viel wie möglich beibringen, damit du weißt, was richtig ist und du später einmal gute Entscheidungen treffen kannst. Aber das Allerwichtigste, was du von deinen Eltern lernen kannst, ist, dass Gott dich sehr, sehr lieb hat!

Meine Eltern bringen mir viele gute Dinge bei.
Aber das Allerbeste ist zu wissen, dass Gott mich lieb hat.

MEINE WORTE SIND STARK

Wie goldene Äpfel auf einer silbernen Schale,
so ist ein rechtes Wort zur rechen Zeit.
Sprüche 25, 11

Wusstest du, dass du dazu beitragen kannst, dass sich der gesamte Tag von jemandem verändert? Diese enorme Kraft liegt in deinem Mund! Die Worte, die du sagst, können die Gefühle einer anderen Person verändern. Wenn jemand traurig ist, kann ein freundliches Wort von dir helfen, dass sich diese Person besser fühlt. Wenn sich jemand fürchtet, können ruhige Worte helfen, dass sich jemand wieder beruhigt. Denke gut über die Worte nach, die du sprichst. Sie können für eine andere Person von großer Bedeutung sein!

Lieber Gott, hilf mir, dass ich immer daran denke, dass meine Worte stark sind. Sie sind sogar so stark, dass sie unschöne Dinge wieder zurechtbiegen können!

FREUNDE MACHEN SPASS!

Verlass niemals deinen Freund!
Sprüche 27, 10

Freunde sind ein besonderes Geschenk von Gott. Du kannst niemals zu viele Freunde haben! Mit Freunden zusammen zu sein, macht Spaß, ob du nun etwas Besonderes mit ihnen unternimmst oder ob ihr nur zusammen im Hof spielt. Sie können aus einem langweiligen Tag ein Abenteuer voller Spaß machen. Echte Freunde haben einander lieb, egal, was kommt. Danke Gott für einen guten Freund!

Freunde sind ein besonderes Geschenk von Gott.
Freunde haben einander lieb und machen miteinander Spaß!

27. APRIL

GOTTES PERFEKTE ZEITPLANUNG

Jedes Ereignis, alles auf der Welt hat seine Zeit.
Prediger 3, 1

Es ist nicht einfach, geduldig zu sein, wenn du darauf wartest, dass irgendetwas passiert. Auf deinen Geburtstag zu warten oder darauf zu warten, dass der Sommer endlich anfängt, kann so schwer sein! Aber bei Gott hat alles seine Zeit. Er hat die Jahreszeiten lange genug gemacht, damit die Blumen und die Bäume wachsen können. Er hat die Tage lange genug gemacht, damit wir ausreichend Zeit zum Arbeiten und zum Spielen haben. Wenn du ungeduldig wirst, dann denke daran, dass alles genau so geschieht, wie Gott es haben möchte. Seine Zeitplanung ist perfekt.

Gott hat die Tage und die Jahreszeiten perfekt geplant. Er hält alles in seinen liebenden, fürsorglichen Händen.

28. APRIL

DEINE FREUNDE

Stürzt einer von ihnen, dann hilft der andere ihm wieder auf die Beine.
Prediger 4, 10

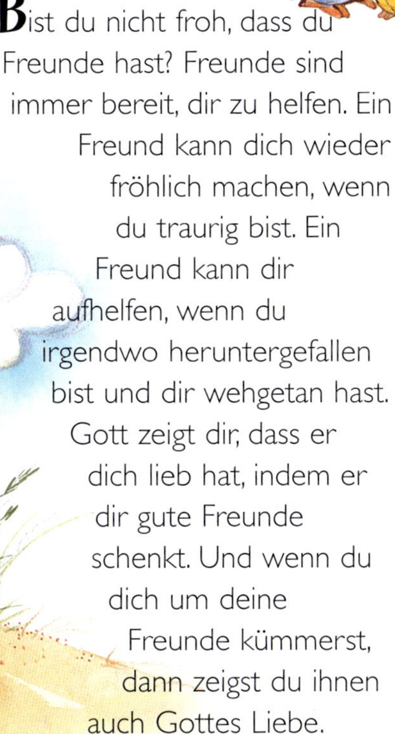

Bist du nicht froh, dass du Freunde hast? Freunde sind immer bereit, dir zu helfen. Ein Freund kann dich wieder fröhlich machen, wenn du traurig bist. Ein Freund kann dir aufhelfen, wenn du irgendwo heruntergefallen bist und dir wehgetan hast. Gott zeigt dir, dass er dich lieb hat, indem er dir gute Freunde schenkt. Und wenn du dich um deine Freunde kümmerst, dann zeigst du ihnen auch Gottes Liebe.

Ich bin froh, dass ich Freunde habe, die mir helfen, wenn ich traurig bin. Meine Freunde sind stets bei mir, in guten wie in schlechten Zeiten.

MITHELFEN

Wenn Gott einen Menschen reich und wohlhabend werden lässt und ihm auch noch Freude dabei schenkt, dann kann der Mensch es dankbar annehmen und die Früchte seiner Arbeit genießen.
Prediger 5, 19

Welches sind deine Aufgaben? Den Tisch decken? Den Hund füttern? Dein Zimmer putzen? Aufgaben machen nicht immer Spaß, aber sie sind ein wichtiger Bestandteil eines Familienlebens. Wenn jeder bei der Arbeit mithilft, bleibt mehr Zeit für Spaß. Erledige deine Aufgaben deshalb mit einem Lächeln auf deinem Gesicht. Du bist deiner Familie eine große Hilfe und trägst dazu bei, dass euer Heim ein gemütliches Zuhause ist!

Arbeiten ist manchmal schwer und macht nicht immer Spaß, aber ein Lächeln auf meinem Gesicht hilft mir, meine Aufgaben gut auszuführen.

WEISE WORTE

Ein weiser Mensch wird geachtet für seine Worte.
Prediger 10, 12

Erwachsene geben Kindern alle möglichen Anweisungen: „Mach deine Hausaufgaben!", „Stütze deine Ellenbogen nicht auf dem Tisch ab!", „Iss dein Gemüse!", „Putz deine Zähne!" Es ist gut, diesen Anweisungen zu folgen, weil sie uns sagen, wie wir uns verhalten sollen. Die Bibel gibt uns auch viele Anweisungen, wie zum Beispiel „Liebe Gott" und „Liebe deinen Nächsten". Die Bibel sagt, dass wir glücklich sein werden, wenn wir diesen Anweisungen folgen und uns daran halten.

Weise Worte machen mich glücklich und sind gut für mich.
Ich will hören und befolgen, was Gott mir sagt.

Mai

1. MAI

MIT EINEM LÄCHELN

Sei großzügig und gib anderen von dem, was dir gehört, etwas ab. Eines Tages wirst du es mit Gewinn zurückerhalten.
Prediger 11, 1

Manchmal gefällt es dir vielleicht gar nicht, deine Spielsachen mit anderen Kindern zu teilen. Immerhin bedeutet dies, dass du jemand anderem etwas gibst, was du selbst gern hättest. Aber wenn du deine Spielsachen mit anderen teilst, bekommst du sie normalerweise wieder zurück. Einer anderen Person etwas zu schenken ist wahrscheinlich noch schwerer, als zu teilen. Aber wenn du jemandem ein Geschenk gibst, dann versuche, es mit einem Lächeln zu geben. Wenn du das tust, wirst du sofort ein Lächeln zurückbekommen. Und ein Lächeln ist ein großartiges Geschenk!

Wenn ich jemandem ein Geschenk mache, dann gebe ich es mit einem Lächeln - und bekomme ein wunderbares Lächeln zurück!

2. MAI

FROHE GEDANKEN

Wie schön ist das Licht, und wie wohltuend ist es, die Sonne zu sehen! … Freu dich über jedes neue Jahr, das du erleben darfst!
Prediger 11, 7.8

Es gibt immer etwas, worüber du dich beklagen könntest. Aber am Leben zu sein ist etwas Wundervolles! Du kannst in Pfützen springen und mit deinem Papa ein Kämpfchen machen und Schokoladenkekse essen und den Sonnenschein genießen. Das Leben macht so viel Spaß! Warum dankst du nicht Gott, anstatt dich über die Dinge zu beklagen, die dir nicht so perfekt erscheinen? Gott ist es, der dir dieses herrliche Leben mit all den wundervollen Menschen und Dingen geschenkt hat.

Danke, lieber Gott, für diesen wundervollen Tag. Ich möchte diesen Tag in vollen Zügen genießen!

3. MAI

EINE GANZ PERSÖNLICHE STIMME

Jubelt und singt.
Jesaja 12, 6

Gott hat dir eine eigene, ganz persönliche Stimme geschenkt. Es gibt keine andere Stimme, die genauso klingt! Und je mehr Wörter du lernst, umso mehr kannst du dich anderen mitteilen! Du kannst mit deiner Stimme aber auch singen. Wenn du glücklich bist, kannst du dies durch Singen zum Ausdruck bringen. Gott hat es gern, deine frohe Stimme zu hören!

Wenn ich glücklich bin, singe ich ein Lied.
Wenn du auch glücklich bist, dann sing mit!

KEINE TRÄNEN MEHR

Der Herr, der allmächtige Gott,
wird die Tränen von jedem Gesicht abwischen.
Jesaja 25, 8

Gott weiß, dass jeder von uns manchmal traurig ist. Aber er hat uns auch versprochen, dass er eines Tages alle unsere Tränen wegwischen wird. Irgendwann, wenn wir in den Himmel kommen, müssen wir gar nicht mehr weinen, wir werden nicht mehr wütend sein und wir werden nicht mehr verletzt werden. Bis dahin hat uns Gott versprochen, dass er bei uns sein wird, um uns zu trösten und unseren Schmerz wegzunehmen. Sag ihm, wenn du traurig bist. Er ist immer bei dir, direkt neben dir.

Gott wird alle meine Tränen wegwischen.
Im Himmel wird es keine Traurigkeit mehr geben.

5. MAI

AN GOTT DENKEN

Herr, du gibst Frieden dem, der sich fest an dich hält und dir allein vertraut!
Jesaja 26, 3

Gott möchte, dass wir ihn und andere Menschen lieb haben. Er möchte auch, dass wir während unseres Tages an ihn denken. Wenn du dein Mittagessen isst oder im Garten tobst oder einen Tag am Strand genießt, dann denke über Gott nach. Schließlich hat er dich und die Welt, in der du lebst, geschaffen! Wenn du über ihn nachdenkst, wirst du dich glücklich fühlen. Und Gott machst du damit auch glücklich!

Ob ich zu Hause oder auf dem Spielplatz bin, ich denke den ganzen Tag über an Gott.

6. MAI

EIN LEBEN LANG LERNEN

Der allmächtige Herr ist ein weiser und wunderbarer Ratgeber.
Jesaja 28, 29

Es ist erstaunlich,
wie viel du an einem einzigen Tag lernen kannst. Vielleicht hast du heute gerade Schwimmen gelernt oder deinen Namen schreiben oder dein Hemd zuknöpfen. Und denke nur an all die Dinge, die dir Gott heute gezeigt hat! Er hat dir gezeigt, wie sehr er dich liebt, indem er dir eine Familie geschenkt hat. Er hat dir gezeigt, wie gut er für dich sorgt, indem er deinen Eltern hilft, dass sie dir Kleider und Essen kaufen können. Er hat dir sogar gezeigt, wie sehr er möchte, dass du Spaß hast, indem er dir so viele Aktivitäten gegeben hat, an denen du dich erfreuen kannst. Was Gott sich wohl morgen für dich ausgedacht hat?

Ich muss noch viele Dinge lernen, bis ich groß bin.
Und ich werde mein ganzes Leben lang neue Sachen lernen.

7. MAI

STILLE ZEIT

Kehrt doch um zu mir, und werdet ruhig, dann werdet ihr gerettet!
Vertraut mir, und habt Geduld, dann seid ihr stark!
Jesaja 30, 15

Kannst du hören, wenn jemand in einem Raum voller Lärm flüstert? Nein! Um ein Flüstern zu hören, musst du mucksmäuschenstill sein. So mächtig Gott auch ist, manchmal möchte er in einem leisen Flüsterton zu uns sprechen. Das bedeutet, dass wir uns jeden Tag ein wenig Zeit nehmen müssen, um stille zu werden und Gott zuzuhören. Wenn wir das tun, werden wir hören, welche Worte er in unser Herz flüstert.

Wenn ich ganz still und leise bin,
kann ich Gottes sanftes Flüstern hören.

MIT GOTT SPRECHEN

Der Herr sehnt sich danach, euch gnädig zu sein.
Bald wird er zu euch kommen und sich wieder über euch erbarmen.
Jesaja 30, 18

Das Leben kann manchmal ganz schön anstrengend sein. Da sind deine Freunde, mit denen du redest, eure Spiele, die ihr spielt, und deine Bücher, die du liest. Manchmal erscheint es dir schwer, all das, was du tun möchtest, in einen Tag zu packen. Aber Gott ist immer da, wenn du zu ihm kommen und mit ihm sprechen möchtest. Egal, wie beschäftigt du gerade bist, Gott ist immer bereit, dir zuzuhören und dir zu helfen. Nimm dir deshalb jeden Tag ein paar Minuten Zeit, um mit Gott zu sprechen.

Es gibt so viele Dinge, die ich tun kann: plaudern, spielen, lesen. Aber ich möchte auch jeden Tag mit Gott sprechen.

GOTT, DER KÖNIG

Der Herr … ist unser König. Nur er kann uns helfen.
Jesaja 33, 23

Wenn du an einen König denkst, woran denkst du dann? An jemanden, der mächtig ist? An jemanden, auf den du hören sollst? An jemanden, der sich um alles und um jeden kümmert? Nun, dies alles – und noch mehr – trifft auf Gott zu! Er ist liebevoll und freundlich. Er ist immer bereit, uns unsere Fehler zu vergeben. Er sorgt dafür, dass wir alles haben, was wir brauchen, um gesund und glücklich zu sein. Er ist besser als irgendein König hier auf dieser Erde. Und er ist der einzige König, den es immer und ewig geben wird!

Danke, Gott, dass du mein König bist.
Du bist der größte und der stärkste König aller Könige.

IMMER UND EWIG

Das Gras verdorrt, die Blumen verwelken,
aber das Wort unseres Gottes bleibt gültig für immer und ewig.
Jesaja 40, 8

Es gibt viele Dinge auf der Welt, wie zum Beispiel die Berge und die Ozeane, die bereits da waren, seit Gott vor vielen, vielen Jahren die Erde erschuf. Aber selbst die Berge und die Ozeane werden eines Tages fort sein. Das Einzige, das ewig bestehen bleibst, ist Gottes Liebe zu uns. Deshalb setzen wir unser Vertrauen auf Gott. Wenn alles andere nicht mehr hier sein wird, wird er immer noch da sein.

Gottes Liebe hält ewig an, sie geht niemals fort.
Gott besteht länger als die Erde, das Meer oder der Himmel.

UNSER GUTER HIRTE

Er sorgt für sein Volk wie ein guter Hirte.
Die Lämmer nimmt er auf den Arm und hüllt sie schützend in seinen Umhang. Die Mutterschafe führt er behutsam ihren Weg.
Jesaja 40, 11

Gott ist groß und mächtig, aber er ist auch sehr sanft. Er kümmert sich so um uns, wie sich ein guter Hirte um seine Schafe kümmert. Wenn sich ein kleines Schäfchen verletzt, trägt der Hirte es so lange, bis es wieder selbst laufen kann. Und wenn die Schafe ihre Babys bekommen, hilft ihnen der Hirte, einen sicheren Ort zu finden, wo sie ruhig essen und schlafen können. Der Hirte liebt seine Schafe und tut alles für sie, was er kann. Gott ist unser Hirte, und wir sind seine kleinen Schafe.

Gott ist mein Hirte, und ich bin sein Schäfchen.
Er beschützt mich, egal, wo ich bin!

12. MAI

GOTT SCHENKT KRAFT

Den Erschöpften gibt er neue Kraft, und die Schwachen macht er stark.
Jesaja 40, 29

Unser Körper ist atemberaubend! Gute Nahrung zu uns zu nehmen, viel Bewegung zu haben und dafür zu sorgen, dass wir genügend Schlaf bekommen sind alles Mittel, mit denen wir unserem Körper helfen können, stark und gesund zu bleiben. Aber selbst wenn wir sehr gut auf uns aufpassen, können wir schwach und müde werden. Harte Arbeit kann uns manchmal ganz schön erschöpfen! Gott hat uns versprochen, dass er uns für solche Zeiten besonders viel Kraft schenken möchte. Du brauchst ihn nur darum zu bitten!

Wenn ich müde bin und mich schwach fühle,
schenkt mir Gott die Kraft, die ich brauche!

HOCH WIE EIN ADLER

Aber alle, die ihre Hoffnung auf den Herrn setzen, bekommen neue Kraft.
Sie sind wie Adler, denen mächtige Schwingen wachsen.
Sie gehen und werden nicht müde, sie laufen und sind nicht erschöpft.
Jesaja 40, 31

Hast du schon einmal einen Adler gesehen? Adler können zu Plätzen fliegen, zu denen andere Vögel niemals gelangen. Sie lieben es, hoch in den Himmel zu fliegen und mit dem Wind zu segeln. Die Bibel sagt uns, dass wir mit der Hilfe Gottes so stark wie ein Adler werden können. Wir können zu Orten gehen, von denen wir niemals glaubten, dass wir dorthin gelangen könnten, und Dinge tun, von denen wir niemals dachten, dass wir sie tun könnten. Wenn du einen schweren Tag vor dir hast, dann bitte Gott, dass er dich hochhebt und dich so stark wie einen Adler macht.

Wenn ich entmutigt bin oder einen schweren Tag vor mir habe, dann hebt Gott mich hoch und macht mich so stark wie einen Adler!

14. MAI

GOTT HILFT

Fürchte dich nicht, denn ich bin bei dir; hab keine Angst, denn ich bin dein Gott! Ich mache dich stark, ich helfe dir!
Jesaja 41, 10

Es ist nicht immer leicht, ein Kind zu sein. Ständig sagt dir jemand, dass du zu jung oder zu klein bist, um die Dinge zu tun, die du gern tun möchtest. Aber Gott hilft dir, dass du jeden Tag stärker wirst. Es ist noch nicht lange her, da brauchtest du noch Hilfe beim Anziehen, beim Essen und beim Zählen von eins bis zehn. Jetzt schaffst du es schon, diese Dinge ganz allein zu tun! Das nächste Mal, wenn dir jemand sagt, dass du zu klein bist, um etwas zu tun, dann denke daran, dass Gott dir hilft, jeden Tag etwas größer zu werden.

Ich bin jetzt zwar noch klein,
aber Gott hilft mir, dass ich jeden Tag größer werde.

15. MAI

GOTT IST IMMER BEI DIR

Wenn du durch tiefes Wasser oder reißende Ströme gehen musst – ich bin bei dir, du wirst nicht ertrinken.
Jesaja 43, 2

Wenn du zu Gottes Familie gehörst, bedeutet dies nicht, dass alles in deinem Leben immer perfekt ist. Das wäre zwar schön, aber jeder hat Zeiten, in denen nicht alles immer so vollkommen ist. Wenn dein Leben einmal nicht so perfekt erscheint, dann denke daran, dass Gott bei dir ist. Er hat versprochen, dass er immer bei dir sein wird, egal, wie hart oder wie schlimm das Leben ist. Ist es nicht großartig, in einem nicht so perfekten Leben einen perfekten Freund wie Gott zu haben?

Gott wird in schweren Zeiten bei mir sein.
Er ist mein Freund, und er verlässt mich nie.

16. MAI

EIN LEBENSLANGES VERSPRECHEN

Ich bleibe derselbe; ich werde euch tragen bis ins hohe Alter, bis ihr grau werdet. Ich, der Herr, habe es bisher getan, und ich werde euch auch in Zukunft tragen und retten.
Jesaja 46, 4

Vielleicht kommt es dir komisch vor, dir jetzt so etwas vorzustellen, aber eines Tages könntest du eine Großmama oder ein Großpapa sein. Wie, denkst du, wirst du dann wohl aussehen? Wirst du graue Haare haben? Oder ein runzeliges Gesicht? Du wirst dich sehr verändern, wenn du älter wirst, aber eines wird sich niemals ändern: Gott, der dich schon jetzt so sehr lieb hat, wird dich auch künftig jeden einzelnen Tag deines Lebens lieben.

Auch wenn ich alt und grau werde,
Gott wird auch dann jeden Tag bei mir sein.

17. MAI

MEIN GEHEIMES PLÄTZCHEN

Schützend hält er seine Hand über mir.
Jesaja 49, 2

Hast du einen Lieblingsplatz, an dem du dich manchmal versteckst? Es macht Spaß, ein geheimes Plätzchen zu haben, zum Beispiel hinter einem Stuhl oder unter dem Bett oder draußen im Hof. Du kannst dort hingehen, wenn du dich sicher fühlen willst oder einfach nur ein bisschen allein sein möchtest. Gott ist ebenso ein sicherer Hort für uns. Seine Liebe ist wie eine riesengroße Decke, in die wir uns einhüllen können. Wir sind unter Gottes Schutz und Fürsorge. Wenn du einmal nicht in dein Versteck schlüpfen kannst, dann denke daran, dass du, wenn du zu Gott betest, jederzeit und überall Schutz finden kannst.

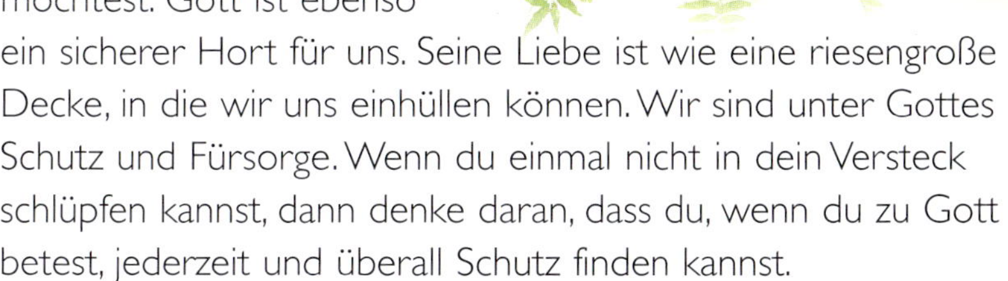

Ich habe ein geheimes Plätzchen, das niemand sehen kann.
Bei Gott bin ich jederzeit und überall in Sicherheit.

18. MAI

DIE GRÖSSTE LIEBE

Kann eine Mutter ihren Säugling vergessen? Bringt sie es übers Herz, das Neugeborene seinem Schicksal zu überlassen? Und selbst wenn sie es vergessen würde – ich vergesse dich niemals!
Jesaja 49, 15

Hast du schon einmal deine Mama oder deinen Papa im Zoo oder im Kaufhaus oder beim Spazierengehen verloren? Du hast dich sicherlich ganz schön erschrocken, nicht wahr? Aber deine Eltern, die dich lieben, haben sich noch mehr erschrocken. Deine Mama möchte nicht, dass dir irgendetwas passiert. Dein Papa tut alles, was er kann, um dich zu beschützen. Aber so sehr sie dich auch lieb haben, Gott liebt dich sogar noch mehr! Genau wie deine Eltern, so kümmert sich auch Gott um alles, was du tust. Und er verliert dich niemals aus den Augen.

**Gott lässt mich nie allein, egal was immer ich tue.
Er ist jederzeit bei mir, wo immer ich auch bin.**

19. MAI

EIN LEUCHTENDES LICHT

Nehmt euch den Hungernden an, und gebt ihnen zu essen, versorgt die Not Leidenden mit allem Nötigen! Dann wird mein Licht eure Finsternis durchbrechen. Die Nacht um euch her wird zum hellen Tag.
Jesaja 58, 10

Als du ein kleines Baby warst, brauchtest du viel Hilfe. Aber je älter du wirst, umso mehr kannst du anderen helfen.

Wenn sich deine kleine Schwester ein Knie aufschürft, kannst du helfen und ihr einen Verband darum wickeln. Wenn ein Freund sein Pausenbrot vergessen hat, kannst du deines mit ihm teilen. Anderen zu helfen ist eine wunderbare Gelegenheit, das leuchtende Licht der Liebe Gottes zu verbreiten. Wie kannst du heute jemandem helfen?

Gottes Liebe ist wie ein leuchtendes Licht. Wenn jemand in Not ist, will ich schnell herbeieilen!

WIE EINE BLUME

Immer werde ich euch führen. Auch in der Wüste werde ich euch versorgen, ich gebe euch Gesundheit und Kraft. Ihr gleicht einem gut bewässerten Garten und einer Quelle, die nie versiegt.
Jesaja 58, 11

Der Frühling ist eine wunderbare Jahreszeit. Überall sprießen wunderschöne Blumen hervor! Aber ohne gute Erde, viel Sonnenschein und ein bisschen Regen können Blumen nicht wachsen. Gott machte die Blumen – und die Erde und den Regen, damit sie gut wachsen können. Wie die Blumen so brauchen auch wir all die guten Dinge, die uns Gott zum Wachsen geschenkt hat: gutes Essen, warme Kleider, eine Familie sowie Freunde. Wenn du das nächste Mal eine Blume siehst, dann denke daran, was Gott alles getan hat, damit du auch wachsen kannst.

Genauso wie Gott die Blumen aus den kleinen Samen hervorkommen lässt, so gibt er auch mir alles, was ich zum Wachsen brauche.

GOTT FREUT SICH ÜBER DICH

Der Herr wird dich lieben und sich über dich freuen,
und dein Land wird nicht mehr vereinsamt sein.
Jesaja 62, 4

Von all den Dingen, die Gott schuf, freute er sich über die Menschen am allermeisten! Gott freut sich über dich! Das bedeutet, dass sein Herz voller Freude ist, wann immer er an dich denkt. Selbst wenn du Dinge tust, die du nicht tun solltest, oder wenn du schlecht gelaunt bist und sogar dann, wenn du nicht an ihn denkst, denkt er trotzdem an dich. Du bist sein geliebtes Kind, und er freut sich über dich!

Ich bin Gottes geliebtes Kind, und er freut sich über mich!
Gott denkt immer an mich, egal, was ich tue.

22. MAI

GOTT WEISS ALLES

Ehe sie zu mir um Hilfe rufen, stehe ich ihnen bei,
noch während sie beten, habe ich sie schon erhört.
Jesaja 65, 24

Bis zu dem Zeitpunkt, wenn dir deine Mama mitteilt, was sie vorhat, weißt du nicht immer, was sie vorhat, nicht wahr? Und du weißt auch nicht immer, ob jemand deine Hilfe braucht, wenn dich diese Person nicht darum bittet. Aber ganz egal, was jetzt genau in dieser Minute in deinem Leben vorgeht, Gott weiß es bereits. Wenn du ein Problem hast, dann weiß Gott schon im Voraus, wie du es lösen kannst. Wenn du traurig bist, findet er schon einen Weg, wie er dich wieder froh machen kann. Gott kennt dich so gut, dass er sich um deine Bedürfnisse kümmert, bevor du ihn überhaupt darum gebeten hast!

Noch bevor ich zu dir rufe, lieber Gott, bist du bereits da. Du weißt, was ich brauche, und ich weiß, dass du dich um mich kümmern wirst.

23. MAI

LIEBE VON OBEN

Ich will euch trösten wie eine Mutter ihr Kind.
Jesaja 66, 13

Mütter und Väter sind sehr gut im Trösten, nicht wahr? In der Bibel steht, dass Gott wie eine Mutter oder ein Vater ist. Gott ist jemand, zu dem du immer gehen kannst, wenn du in den Arm genommen werden möchtest oder wenn du jemanden brauchst, der dir zuhört. Und genauso wie deine Mama oder dein Papa immer versuchen, dich zu trösten, möchte auch Gott, dass es dir gut geht. Du kannst dich jederzeit an ihn wenden. Es macht ihn froh, dir zu helfen.

Zu Gott kann ich immer gehen, wenn ich traurig bin.
Er ist immer für mich da und freut sich, mir zu helfen.

EIN BESONDERES KIND

Ich habe dich schon gekannt, ehe ich dich im Mutterleib bildete, und ehe du geboren wurdest, habe ich dich erwählt.
Jeremia 1, 5

Haben dir deine Eltern jemals von dem Tag erzählt, als du ein Mitglied eurer Familie geworden bist? Wie aufgeregt sie waren, als sie dich das allererste Mal in ihren Armen hielten? Und denke nur: Gott wusste dies bereits alles, noch vor deinen Eltern! Schon bevor du deinen ersten Atemzug gemacht oder deine erste Träne geweint hast, hat Gott dich geliebt. Er hat ein wundervolles Leben für dich geplant. Und er wird dein ganzes Leben lang auf dich Acht geben.

Gott kannte mich schon, bevor ich geboren wurde.
Er hat mich schon immer geliebt,
und er hat einen besonderen Plan mit mir.

25. MAI

AUF DEM RICHTIGEN PFAD

Fragt nach dem richtigen Weg, und dann beschreitet ihn.
So findet ihr Ruhe für euer Leben.
Jeremia 6, 16

Wir alle treffen im Laufe des Tages viele Entscheidungen. Manche Entscheidungen sind einfach, wie zum Beispiel welches Müsli du zum Frühstück essen willst. Andere sind etwas schwieriger, wie zum Beispiel die Entscheidung, ob du deinen Eltern die Wahrheit darüber sagen sollst, wer die Lampe zerbrochen hat. Wenn du nicht weißt, was du tun sollst, dann denke nach, was Gott möchte. Er hat uns gesagt, dass wir ihm nachfolgen sollen und das tun sollen, was richtig ist. Wenn wir das tun, können wir ganz gelassen sein, weil wir wissen, dass wir die richtige Entscheidung getroffen haben.

Wenn ich zwischen Richtig und Falsch entscheiden muss, wird mir Gott den richtigen Weg zeigen.

26. MAI

AUF DEINER SEITE

Dein Wort ist meine Freude und mein Glück,
denn ich gehöre dir, Herr, allmächtiger Gott.
Jeremia 15, 16

Dieser Vers wurde von einem Mann mit dem Namen Jeremia geschrieben. Er schrieb ihn zu einem Zeitpunkt, als er sich sehr traurig und einsam fühlte. Er hatte viele Feinde und sehr wenige Freunde. Aber selbst als er sich so schrecklich fühlte, erinnerte er sich daran, dass Gott auf seiner Seite war. Weil er Gottes Kind war, wusste er, dass Gott mit ihm war, selbst in solch einer schwierigen Zeit. Und das machte Jeremia glücklich. Vergiss nie, dass Gott auf deiner Seite ist.

Ich bin glücklich, weil ich weiß, dass Gott immer bei mir ist.
Gott ist immer auf meiner Seite, weil ich sein Kind bin.

27. MAI

NEUE DINGE

Ich segne jeden, der mir ganz und gar vertraut.
Jeremia 17, 7

Solange du am Leben bist, wirst du niemals aufhören, neue Dinge zu lernen. Du wirst nicht bei allem der oder die Beste sein, aber das sollte dich niemals daran hindern, es dennoch zu versuchen. Selbst wenn du dir nicht ganz sicher bist, wie du etwas tun sollst, so kannst du doch gewiss sein, dass Gott bei dir ist. Selbst wenn du den Ball nicht fängst oder nicht die richtige Note singst oder den Buchstaben A nicht perfekt schreibst: Gott findet dich großartig. Du magst vielleicht nicht alles richtig machen, schon gar nicht beim ersten Mal. Aber das macht für Gott keinen Unterschied. Er liebt dich genauso wie vorher auch.

Wenn ich neue Dinge ausprobiere, gelingen sie mir vielleicht nicht immer sofort, aber das ändert nichts an Gottes endloser Liebe, und das ist das Allerwichtigste!

28. MAI

EINE WUNDERVOLLE ZUKUNFT

Denn ich allein weiß, was ich mit euch vorhabe.
Jeremia 29, 11

Vielleicht denkst du nicht viel über deine Zukunft nach, aber Gott hat bereits große Pläne für dich. Vielleicht wirst du einmal ein Arzt, wenn du erwachsen bist, oder ein Sportler oder ein Lehrer. Aber egal, was du einmal tust, Gott möchte, dass du ihm nachfolgst. Er möchte, dass du seine Liebe mit den Menschen teilst, denen du im Laufe deines Lebens begegnest. Er möchte, dass du gute Entscheidungen triffst und immer nah bei ihm bleibst. Wenn du das tust, wird dein Leben genau so verlaufen, wie Gott es sich für dich vorgestellt hat.

Gott hat einen wundervollen Plan für mich.
Ich will tun, was er mir sagt.

29. MAI

MIT GOTT REDEN

Wenn ihr kommt und zu mir betet, will ich euch erhören.
Jeremia 29, 12

Beten ist ein klein wenig so, wie wenn du mit deiner Oma am Telefon sprichst. Du kannst sie zwar nicht sehen, aber du weißt, dass sie da ist, weil du ihre Stimme hörst. Wenn du zu Gott betest, kannst du ihn auch nicht sehen. Vielleicht fragst du dich, ob er auch wirklich da ist. Dieser Vers ist ein Versprechen Gottes, dass er immer bereit ist, dir zuzuhören. Sprich mit Gott, selbst wenn du ihn nicht sehen kannst. Erzähl ihm, was in deinem Leben geschieht. Er liebt es, von dir zu hören.

Gott hört mir immer zu, wenn ich zu ihm bete.
Ich freue mich, jeden Tag mit ihm zu sprechen.

SIEH DICH NUR UM!

Wenn ihr mich von ganzem Herzen sucht, werdet ihr mich finden.
Jeremia 29, 13

Wenn du dich jemals gefragt hast, wo Gott ist, dann sieh dich um. Du kannst Gott nicht wirklich sehen. Aber wenn du aufmerksam suchst, wirst du ihn finden. Sieh nur den Schmetterling, der dort vorbeiflattert, und du wirst Gottes atemberaubende Schöpferkraft sehen. Oder lausche dem Regen, und du wirst seine Gegenwart hören. Lass dich von jemandem, den du lieb hast, streicheln, und du wirst Gottes Liebe spüren. Gott ist tatsächlich ganz nahe bei uns. Alles, was wir tun müssen, ist ganz einfach, uns aufmerksam umzusehen.

Gottes Liebe umgibt mich überall, mit Blumen und mit Bäumen, mit Menschen und mit Regenstürmen, mit Fröschen und mit Bienen!

GOTTES VERSPRECHEN

Ihr Israeliten sollt wieder mein Volk sein, und ich will euer Gott sein.
Jeremia 30, 22

Vor sehr langer Zeit machte Gott ein Versprechen, das niemals gebrochen werden kann. Er hat gesagt, dass wir immer sein Volk sein werden und dass er immer unser Gott sein wird. Durch die ganze Bibel hindurch haben die Menschen Dinge getan, die sie nicht hätten tun sollen, aber Gott hat dennoch nicht aufgehört, sie zu lieben. Wir machen alle jeden Tag Fehler, aber Gott hat uns dennoch lieb. Gott hat sein Versprechen von Anfang an gehalten. Wir werden Gottes Volk sein und er wird unser gütiger, liebender Gott sein, für immer und ewig. Nun, wenn das kein wunderbares Versprechen ist!

Gott hat ein Versprechen gemacht, das er niemals brechen wird: Er wird uns immer und ewig lieben, egal, was geschieht!

Juni

I. JUNI

GOTTES LIEBE HÖRT NIEMALS AUF

Ich habe euch schon immer geliebt.
Jeremia 31, 3

Wen hast du am meisten lieb? Deine Eltern? Dein Lieblingskuscheltier? Deinen kleinen Hund? Wenn du jemanden so richtig lieb hast, dann macht es nichts, wenn der andere manchmal deine Gefühle verletzt oder Fehler macht. Du hast ihn trotzdem lieb. Genauso hat Gott dich lieb. Seine Liebe zu dir ist so stark, dass sie für immer andauern wird. Gott hat dich lieb, wenn du seine Gefühle verletzt. Er hat dich lieb, wenn du Fehler machst. Er wird dich jeden Tag deines Lebens lieben!

Gottes Liebe zu mir hört niemals auf.
Ich bin so unsagbar froh, dass er mein Freund ist!

2. JUNI

GOTTES LIEBE VERGEHT NIE

Denn ich verwandle ihre Trauer in Freude,
ich tröste sie und schenke ihnen Glück nach all ihrem Leid.
Jeremia 31, 13

Jeder geht hin und wieder mal durch schwierige Zeiten. Aber Gott sagt uns, dass solche Zeiten nicht lange andauern. Wenn deine Familie gerade durch eine schwierige Zeit geht, dann erinnere dich daran, dass Gott bei dir ist und dich trösten will. Und denke daran: Gott sorgt dafür, dass die Freude schon bald in deine Familie zurückkehren wird. Schwierige Zeiten dauern nicht ewig an, aber Gottes Liebe und Fürsorge – sie dauern ewig an!

Manche Tage sind schön, und andere sind weniger schön.
Gott hat mich an jedem Tag lieb.

3. JUNI

ZEIT FÜR EIN NICKERCHEN

Ich will den Erschöpften neue Kraft geben, und alle, die vom Hunger geschwächt sind, bekommen von mir zu essen.
Jeremia 31, 25

Wenn du sehr müde bist, gibt es nichts Schöneres, als ein gutes, kurzes Nickerchen zu machen. Eine kleine Pause mitten an einem anstrengenden Tag kann so wohltuend sein! Zeit mit Gott zu verbringen ist für dein Herz wie ein kleines Nickerchen. Ob du nun mit Gott sprichst oder einfach nur die Welt genießt, die er erschaffen hat: Dein Herz wird mit Gottes Liebe erfüllt werden. Und du wirst wieder voller neuer Energie sein!

Ein Nickerchen gibt mir neue Kraft.
Mit Gott zu sprechen ist ein Nickerchen für mein Herz!

4. JUNI

EIN BLAUER HIMMEL

Herr, allmächtiger Gott, durch deine starke Hand und deine Macht hast du den Himmel und die Erde geschaffen. Nichts ist dir unmöglich.
Jeremia 32, 17

Wenn die Sonne scheint, ist es dann nicht wunderschön, mit deinen Freunden draußen zu sein? Es macht ungemein viel Spaß, einfach im Gras zu liegen und in den blauen Himmel und die flockigen Wolken hineinzublicken, nicht wahr? Ist es nicht wundervoll, wenn man bedenkt, dass Gott solch eine schöne Welt geschaffen hat? Nur Gott besitzt die Macht, die Sonne und den weiten Himmel zu erschaffen. Und du darfst dich an alledem unendlich erfreuen!

Lieber Gott, wie hast du den Himmel nur so blau gemacht? Du bist so mächtig, und deine Schöpfung ist so wundervoll!

UM GOTTES HILFE BITTEN

Rufe zu mir, dann will ich dir antworten.
Jeremia 33, 3

Wenn du Hunger hast, bekommst du etwas zu essen, nicht wahr? Und wenn du müde bist, bekommst du ein gemütliches, warmes Plätzchen, wo du schlafen kannst. Was immer du auch brauchst, du kannst die Menschen, die dich lieb haben, stets um Hilfe bitten. Sie werden es dir mit Sicherheit geben! Bei Gott ist das genauso. Niemand kümmert sich mehr um dich als er! Wenn wir seine Hilfe bei einem kleinen oder großen Problem benötigen, müssen wir ihn einfach nur darum bitten.

Gott ist immer bereit, dir zu helfen -
du brauchst ihn nur darum zu bitten.
Er kümmert sich um alle deine Probleme, die großen und die kleinen.

6. JUNI

GOTTES KRAFT REICHT FÜR ZWEI

Aber ich, der Herr, der allmächtige Gott, bin stärker.
Jeremia 50, 34

Solange du noch klein bist, hast du keinen großen Einfluss darauf, was mit dir geschieht. Deine Eltern entscheiden darüber, was du anziehst, was du isst und wohin du gehst. Die älteren Kinder sagen dir vielleicht, dass du nicht mit ihnen spielen kannst, weil du nicht stark genug bist, um den Ball zu werfen, oder nicht schnell genug, um ein Tor zu schießen. Aber selbst wenn du noch klein bist, du hast immer Gott an deiner Seite. Du magst vielleicht nicht so stark sein, aber Gottes Kraft reicht für beide von euch!

Es mag sein, dass ich noch klein und nicht sehr stark bin, aber Gottes Kraft reicht für uns beide!

7. JUNI

GOTTES LIEBE HÖRT NIEMALS AUF

Die Güte des Herrn hat kein Ende, sein Erbarmen hört niemals auf.
Klagelieder 3, 22

Wenn du in Schwierigkeiten gerätst, denkst du vielleicht, dass dich deine Eltern nicht mehr lieb haben.
Aber selbst wenn sie ärgerlich über dich sind, deine Mama und dein Papa lieben dich mehr, als du es dir vorstellen kannst.
Dasselbe gilt für Gott.
Selbst wenn du Dinge tust, die du nicht hättest tun sollen: Gott liebt dich!
Er vergibt dir, wenn du ihn darum bittest. Und seine Liebe hört niemals auf!

Gottes Liebe zu mir hört niemals auf. Er liebt mich sogar auch dann noch, wenn ich etwas Verkehrtes getan habe.

EIN NAGELNEUER TAG

Seine Liebe und seine Freundlichkeit sind jeden Morgen neu!
Klagelieder 3, 23

Jeder Tag ist ein nagelneuer Anfang! Die Sonne wacht auf und du auch. Du strotzt vor frischer Energie und kannst es kaum erwarten, den neuen Tag zu beginnen. Denke nur an all die schönen Dinge, die du heute tun kannst! Du könntest zum Beispiel im Park einen Drachen fliegen lassen, mit deinem Hund einen Spaziergang machen oder schwimmen gehen. Jeder neuer Tag bietet dir unendlich viele Möglichkeiten.

Ich freue mich auf jeden neuen Tag.
Gott zeigt mir jeden Tag, wie lieb er mich hat!

9. JUNI

NEUE FREUNDE

Der Herr ist gut zu dem, der ihm vertraut
und ihn von ganzem Herzen sucht.
Klagelieder 3, 25

Wenn du neue Freunde gewinnen möchtest, musst du etwas dafür tun. Du musst mit den Menschen sprechen, dich für sie interessieren und Zeit mit ihnen verbringen. Wenn du Gott kennen lernen möchtest, erfordert das ebenso ein bisschen Einsatz. Um Gott so richtig gut kennen zu lernen, müssen wir oft mit ihm sprechen und ihn in jeden Abschnitt unseres Tages mit einbeziehen. Indem wir die Bibel lesen, können wir immer mehr über ihn erfahren. Wenn wir das tun, wird er immer und ewig unser Freund bleiben!

Lieber Gott, du bist mein allerbester Freund.
Du wirst immer und ewig mein Freund bleiben.

10. JUNI

DER HEILIGE GEIST

Ich erfülle euch mit meinem Geist
und schenke euch noch einmal das Leben.
Hesekiel 37, 14

Weil Gott nicht hier bei uns auf der Erde sein kann, hat er uns eine besondere Gabe gegeben. Diese Gabe ist der Heilige Geist. Der Heilige Geist hilft uns, gute Entscheidungen zu treffen und Gott nachzufolgen. Und er lebt vor allem in unseren Herzen und hilft uns, dass wir uns immer daran erinnern, wie sehr Gott uns lieb hat. Was für eine wundervolle Gabe!

Der Heilige Geist ist eine besondere Gabe von Gott -
er hilft mir, immer wieder Gottes Liebe zu erkennen.

11. JUNI

GOTTES WUNDERVOLLE SCHÖPFUNG

Denn seine Zeichen sind groß, und seine Wunder sind mächtig.
Daniel 3, 33

Alles,
was Gott gemacht hat, offenbart uns etwas über ihn. Regentropfen lassen vieles wachsen und zeigen uns, dass Gott sich aufmerksam um die Dinge, die er gemacht hat, kümmert. An den Schmetterlingen können wir sehen, dass Gott große Freude daran hat, schöne Dinge zu erschaffen, über die wir uns freuen können. Und du bist ein Beispiel dafür, wie sehr Gott die Menschen lieb hat. Sieh dich einmal um. Was kannst du noch über Gott erfahren?

Von den Vögeln, die am Himmel fliegen, bis hin zu den Fischen, die im Wasser schwimmen: Alles, was Gott gemacht hat, ist ein Zeichen seiner großen Liebe.

DER EWIGE KÖNIG

Er ist der lebendige Gott, der in alle Ewigkeit regiert.
Sein Reich geht niemals unter,
seine Herrschaft bleibt für immer bestehen.
Daniel 6, 27

Die Bibel wurde vor Tausenden von Jahren geschrieben. Damals hatte Daniel, der Mann, der diesen Vers aufschrieb, keine Ahnung, dass du eines Tages seine Geschichte lesen würdest, um etwas über Gott zu erfahren. Aber einer Sache war sich Daniel hundertprozentig sicher: Er glaubte, dass Gott immer über allem seine Hand halten würde, auch in der Zukunft. Und er hatte Recht. Der Gott, der Daniel half, ist derselbe Gott, der dir heute hilft.

Gottes Liebe besteht für alle Generationen.
Er ist der König aller Völker und Nationen.

13. JUNI

VERGEBEN UND VERGESSEN

Doch du, Herr unser Gott, bist barmherzig und vergibst uns.
Daniel 9, 9

Musstest du schon einmal jemandem vergeben? Das ist nicht leicht, nicht wahr? Wenn deine Schwester dich ärgert oder etwas kaputtmacht, was dir gehört, dann kann dich das ganz schön wütend machen. Aber wenn sie dir sagt, dass es ihr Leid tut und dich darum bittet, dass du ihr vergibst, dann solltest du dein Bestes tun, um ihr zu vergeben. Denke daran, dass uns Gott jedes Mal vergibt, wenn wir ihn darum bitten. Und wenn wir einander vergeben, fühlen wir uns gleich so viel besser!

Ich kann vergeben, wenn mir jemand wehgetan hat.
Gott möchte, dass ich anderen so vergebe,
wie auch er mir immer vergibt!

DU KANNST DARAUF ZÄHLEN!

Alles wollen wir tun, um ihn, den Herrn, zu erkennen!
So sicher, wie morgens die Sonne aufgeht und im Herbst und Frühjahr der Regen die Erde tränkt, so gewiss wird er kommen und uns helfen.
Hosea 6, 3

Die Sonne geht jeden Tag auf und wieder unter. Und der Frühling kommt jedes Jahr wieder, jahrein, jahraus. Du kannst darauf zählen, dass diese Dinge passieren. Gleichermaßen kannst du immer darauf zählen, dass Gott seine Versprechen hält. Genauso wie du darauf zählen kannst, dass die Sonne jeden Morgen scheint oder dass es im Frühling regnet, genauso kannst du darauf zählen, dass Gott an jedem Tag deines Lebens bei dir ist.

Genauso wie die Sonne jeden Tag scheint,
genauso weiß ich, dass Gott immer und überall bei mir sein wird.

15. JUNI

GOTT IST VOLLKOMMEN

Mein Zorn wird dich nicht wieder treffen, ich will dich nicht noch einmal vernichten … Denn ich bin Gott und kein Mensch.

Hosea 11, 9

Wir wissen nicht alles über Gott, aber wir wissen, dass Gott ganz anders ist als die Menschen. Menschen machen Fehler, Gott aber ist vollkommen. Menschen können gemein sein, aber Gott ist immer freundlich. Menschen werden wütend aufeinander, aber Gott vergibt uns immer. Menschen hassen sich manchmal, aber Gott liebt uns immer und ewig. Bestimmt bist du froh darüber, dass wir solch einen wunderbaren Gott haben.

Gott ist vollkommen, liebevoll und gut.
Er liebt uns so, wie wir einander lieben sollten.

EIN BAUM, DER IMMER FRÜCHTE TRÄGT

Ich bin es, der eure Bitten hört und freundlich auf euch blickt!
Ich bin wie eine immergrüne Zypresse, nur bei mir findet ihr,
was ihr zum Leben braucht.
Hosea 14, 9

Wie sieht ein Apfelbaum aus? Er ist voller grüner Blätter – und manchmal voller Äpfel. Dieser Vers sagt, dass Gott wie ein Baum ist. Gott ist sogar noch besser als ein Baum, denn im Gegensatz zu echten Bäumen trägt er das ganze Jahr über Früchte! Das bedeutet, dass Gott uns mit allem versorgt, was wir brauchen, zu jeder Zeit. Ein Apfelbaum hat im Winter keine Äpfel. Aber Gottes Liebe und Fürsorge hören niemals auf!

Gott versorgt mich jeden Tag.
Seine Liebe und Fürsorge hören niemals auf.

17. JUNI

GOTT NACHFOLGEN

Der Herr zeigt uns den richtigen Weg. Wer ihm vertraut, kommt ans Ziel.
Hosea 14, 10

Wenn du älter wirst, werden vielleicht manche Menschen versuchen, dich zu etwas zu überreden, von dem du genau weißt, dass es nicht richtig ist. Vielleicht sagt dir jemand, dass es nichts ausmacht, wenn du lügst oder etwas mitnimmst, was dir nicht gehört. Oder jemand sagt dir, dass Gottes Regeln zu schwer sind, um sie zu befolgen, oder dass sie nicht so wichtig sind. Aber diese Leute haben nicht Recht. Die Regeln, die uns Gott gegeben hat, sind da, um uns zu beschützen. Wenn wir uns nach Gottes Geboten richten, kommen wir mit unserem Leben an ein gutes Ziel.

Lieber Gott, deine Regeln beschützen mich.
Ich möchte dir folgen, wo immer du mich hinführst.

18. JUNI

DANKE FÜR DEN REGEN

*Freut euch und jubelt über den Herrn, euren Gott!
Wie treu hält er seine Zusagen! Er schenkt euch wieder erfrischenden
Regen im Herbst und im Frühling.
Joel 2, 23*

Regen erscheint dir vielleicht nicht gerade als ein Geschenk Gottes, ganz besonders dann nicht, wenn du draußen spielen möchtest. Aber der Regen ist ein Geschenk, ohne das wir nicht leben könnten. Wenn es niemals regnen würde, hätten wir keine Äpfel oder Erdbeeren oder Tomaten. Wir hätten keine Milch zu trinken, denn Kühe brauchen saftige Wiesen, um Milch zu geben. Wir hätten kein Brot zu essen, denn Brot wird aus Weizen gemacht, der auf den Feldern wächst. Wir hätten noch nicht einmal Kleider, die wir anziehen könnten, denn manche Kleider werden aus Baumwolle gemacht, einer Pflanze, die zum Wachsen auch Regen braucht. Nun, jetzt bist du froh darüber, dass Gott uns den Regen geschenkt hat.

Immer, wenn es regnet, möchte ich dir danke sagen, lieber Gott, denn nun weiß ich, warum du es regnen lässt.

19. JUNI

FÜR IMMER BEI GOTT

Wer dann meinen Namen anruft, soll gerettet werden!
Joel 3, 5

Manche Menschen denken, dass es schwer ist Gott nachzufolgen. Sie glauben, dass man alles richtig tun und sagen und ein perfektes Leben führen muss, um in den Himmel zu kommen. Aber Gott sagt, dass wir ihn einfach nur darum bitten müssen, bei uns zu sein, wenn wir für immer mit ihm zusammen sein wollen. Wenn wir Gott vertrauen, dass er für uns sorgt, sagen wir ihm, dass wir ihn lieb haben und er der wichtigste Teil unseres Lebens ist. Darum folge Gott nach. Es ist ganz einfach!

Gott nachzufolgen ist keine schwere Aufgabe. Wenn ich für immer mit Gott zusammen sein möchte, brauche ich ihn einfach nur darum zu bitten.

LAUF FORT!

Setzt euch für das Gute ein, allem Bösen aber kehrt den Rücken!
Dann bleibt ihr am Leben.
Amos 5, 14

Weißt du, was das Wort Versuchung bedeutet? Versuchung bedeutet, etwas tun zu wollen, von dem du weißt, dass du es nicht tun solltest, wie zum Beispiel das letzte Plätzchen zu essen, obwohl du deiner Schwester gesagt hast, dass sie es haben kann. Gott weiß, dass wir jeden Tag Versuchungen ausgesetzt sind. Was er uns rät? Gott rät uns, ganz schnell fortzulaufen! Wenn du die Versuchung verspürst, etwas zu tun, was du nicht tun solltest, dann lauf so schnell wie du kannst von der Versuchung fort! Mit Gottes Hilfe wirst du es schaffen, weiterhin das Richtige zu tun.

Wenn ich von etwas versucht werde, laufe ich ganz schnell fort.
Gott wird mir immer helfen, auf seinem Weg zu bleiben.

VON EINEM FISCH VERSCHLUCKT!

Ich schrie zum Herrn, als ich nicht mehr ein noch aus wusste,
und er half mir aus meiner Not.
Jona 2, 2

Jona war ein Mann, der sich selbst in große Schwierigkeiten brachte. Er hörte nicht auf Gott und geriet schließlich in einen heftigen Sturm, als er sich gerade auf einem Schiff befand. Und es kam sogar noch schlimmer: Er wurde über Bord geworfen und von einem riesigen Fisch verschluckt! Aber Jona vertraute selbst nach alledem darauf, dass Gott ihm helfen würde. Er bat Gott, dass er ihn beschützen würde, und genau das tat Gott. Er holte Jona wieder aus dem Fisch heraus und sorgte für ihn. Wenn Gott auf Jona aufpassen kann, dann kann er auch auf dich aufpassen.

Wenn ich in Schwierigkeiten bin, weiß Gott, was ich tun muss. Gott rettete Jona, und er wird auch mich retten!

GOTT ZEIGT MIR DEN WEG

Der Herr selbst geht euch voran, um euch den Weg … zu bahnen.
Micha 2, 13

Du hast eine Menge darüber gehört, wie du Gott nachfolgen und so leben kannst, wie es ihm gefällt. Wenn du dir manchmal nicht sicher bist, wie du dies tun sollst, brauchst du dir keine Sorgen zu machen. Gott wird dir dabei helfen. Lies die Bibel, sprich mit ihm und höre auf seine Stimme in deinem Herzen. Gott wird dich niemals allein lassen. Er wird jeden Tag ganz nahe bei dir sein und dir den Weg zeigen.

Wenn ich mir nicht sicher bin, was ich tun soll, ist Gott ganz nah bei mir und zeigt mir den Weg.

GOTT IST IMMER DA

Jedes Volk dient seinem eigenen Gott,
wir Israeliten aber gehören für immer dem Herrn, unserem Gott.
Micha 4, 5

Wenn du älter wirst, werden sich viele Dinge in deinem Leben verändern. Du wirst anders aussehen, woanders wohnen und eines Tages wirst du vielleicht sogar einen anderen Nachnamen tragen. Aber ganz egal, wie sehr du dich veränderst, eines wird sich niemals ändern: Gott wird immer bei dir sein. Selbst wenn du später einmal an die Uni gehst oder heiratest oder eine Oma oder ein Opa wirst, Gott wird immer da sein und sich um dich kümmern.

Egal, wie sehr ich mich im Laufe meines Lebens verändere,
eines ist sicher: Gott wird immer bei mir sein.

24. JUNI

GOTT KANN IMMER HELFEN

Doch ich verlasse mich auf den Herrn, ich warte auf seine Hilfe.
Micha 7, 7

Wenn du Hilfe brauchst, kannst du sie an vielen Stellen finden. Deine Eltern können dir helfen, deine Freunde und auch dein Lehrer. Aber es wird auch Zeiten geben, in denen es scheint, als gäbe es niemanden in deiner Nähe, der dir helfen kann. Deshalb ist es so wichtig, Gott in deinem Leben zu haben. Er ist immer bei dir. Er kann dir helfen, wann immer du ihn brauchst.

Viele Menschen können mir helfen, wenn ich Hilfe brauche.
Gott kann mir immer helfen, wann immer ich ihn brauche.

25. JUNI

LICHT UND SCHATTEN

Gott führt uns von neuem hinaus ins Licht.
Wir werden erleben, wie er für uns eintritt!
Micha 7, 9

Wenn du mit einer Grippe im Bett liegst, dann scheint es manchmal so, als würde sie niemals zu Ende gehen. Oder wenn du mitten in der Nacht voller Angst aufwachst, dann fragst du dich vielleicht, ob die Sonne jemals wieder aufgeht. Aber genauso wie nach der Nacht immer wieder ein neuer Tag kommt, so kommen nach schlechten Zeiten schließlich wieder gute. Wenn du im Moment gerade eine schwere Zeit erlebst, dann bitte Gott, dass er dir hilft, diese Zeit durchzustehen. Er wird dir beistehen, bis die Sonne in deinem Herzen wieder scheint!

Genauso wie die Sonne den Schatten vertreibt, genauso werden die guten Tage die schlechten Tage vertreiben.

26. JUNI

EIN SICHERER HORT

Doch mit Güte begegnet der Herr allen, die ihm vertrauen; er kennt sie und schenkt ihnen Zuflucht in der Not.
Nahum 1, 7

Ist es nicht ein wunderschönes Gefühl, bei deiner Mama auf dem Schoß zu sitzen und mit ihr zu kuscheln? Oder mit deinem Lieblingsstofftier im Bett? Oder beim Spazierengehen die Hand deines Papas zu halten? Was auch immer du tust, vergiss nicht, dich auch an Gott zu wenden. Er hat versprochen, dass er immer dein Zufluchtsort sein wird – ein sicherer Hort.

Bei Gott fühle ich mich sicher und geborgen.
Er beschirmt mich vor allen Gefahren.

27. JUNI

GOTTES STERNENHIMMEL

Dein Plan erfüllt mich mit Ehrfurcht.
Habakuk 3, 2

Ein Nachthimmel kann wirklich atemberaubend sein. Er ist voller funkelnder Sterne und sausender Sternschnuppen. Und Gott ist es auch, der die vielen unzähligen Sterne und all die Planeten geschaffen hat. Er hat die Sternschnuppen gemacht und den Mond. Wenn du heute Nacht in den tiefen, dunklen Himmel hinaufblickst, dann sprich ein Gebet. Danke Gott für seine wundervolle Schöpfung. Sie ist sein Geschenk an dich.

In der Nacht kann ich viele funkelnde Sterne am Himmel sehen. Sie sind ein Geschenk Gottes an mich.

28. JUNI

GEWANDT WIE EIN REH

Gott, der Herr, macht mich stark; er beflügelt meine Schritte, wie eine Gazelle kann ich über die Berge springen.
Habakuk 3, 19

Hast du schon einmal ein Reh über die Felder springen sehen? Rehe können sehr schnell und gewandt über Felder und sogar über Berge springen. Wenn du einen schweren Tag hast, dann ist das so, wie wenn du über einen hohen Berg klettern musst. Dieser Vers sagt uns, dass Gott uns helfen wird, über die „Berge" zu klettern, auf die wir in unserem Leben stoßen. Mit Gott an unserer Seite sind wir genauso gewandt wie ein Reh!

Kein Berg ist zu hoch für mich.
Mit Gott bin ich so gewandt wie ein Reh.

29. JUNI

LIEBESLIEDER

Von ganzem Herzen freut Gott sich über euch. …
Ja, er jubelt, wenn er an euch denkt!
Zefanja 3,17

Gott liebt es, wenn du ihm ein Lied singst. Aber hast du gewusst, dass Gott dir auch ein Lied singt? Gott liebt dich so sehr, dass er manchmal gar nicht anders kann, als dir ein Lied zu singen! Sein Lied klingt zum Beispiel wie das Vogelgezwitscher in den Bäumen oder wie ein sanftes Säuseln durch die Blätter. Es kann auch wie der Regen klingen oder wie ein Wasserfall oder wie das Zirpen der Grillen des Nachts. Jeder Klang ist ein Liebeslied an dich, das ganz direkt von Gottes Herzen ausgeht!

Gottes Liebeslieder erklingen von überallher,
von den Bäumen, aus dem Wasserfall und von den Grillen.

30. JUNI

WO IMMER DU AUCH HINGEHST

Aber mein Volk mache ich stark. Sie gehören zu mir, darum werden sie leben! Darauf gebe ich, der Herr, mein Wort.
Sacharja 10, 12

Dein Leben wird dich an viele interessante Orte führen. Vielleicht wirst du einmal einen Freund in einem anderen Staat besuchen. Oder vielleicht wirst du eines Tages in ein anderes Land reisen. Aber egal, wohin du gehst, du wirst Gott überall finden. Du könntest sogar zum anderen Ende der Erde reisen – Gott würde selbst dort sein. Du könntest in die Wüste gehen, Berge erklimmen oder über den Ozean reisen: Gott wird sogar dort an deiner Seite sein. Wo immer du auch hingehst, Gott wird auch da sein.

Allein in der Wüste oder draußen auf dem Meer:
Gott ist überall und wird sich immer um mich kümmern.

Juli

1. JULI

VON JEHER

Ich, der Herr, habe mich nicht geändert.
Maleachi 3, 6

Wenn du die aufregenden Geschichten aus der Bibel hörst, fragst du dich vielleicht, ob Gott heute immer noch genauso über die Menschen wacht, wie er es damals vor vielen Jahren getan hat. Die Antwort lautet: Ja! Genauso wie Gott Noah half, der großen Flut zu entkommen und wie er Jona beistand, im Bauch eines großen Fisches am Leben zu bleiben, so hält Gott auch heute noch seine schützende Hand über dich. Genauso wie er König David seine Fehler vergab und beim Volk Israel blieb, selbst dann noch, als es Gott seinen Rücken gekehrt hatte, so vergibt Gott auch dir heute. Gott hat sein Volk von jeher geliebt und für es gesorgt. Und er wird auch dich immer und ewig lieben und für dich sorgen!

Gott ist ein- und derselbe, gestern und morgen.
Er ist immer bei uns, in guten wie in schlechten Zeiten.

2. JULI

WARTE NICHT!

Ändert euch von Grund auf! Kehrt um zu Gott!
Denn jetzt beginnt die Herrschaft Gottes.
Matthäus 3, 2

Wenn du einen neuen Freund kennen lernst, den du wirklich gern hast, dann wäre es dumm zu sagen: „Ich möchte jetzt nicht dein Freund sein. Lass uns warten, bis wir älter sind." Wenn du das tun würdest, würden dir viele wunderschöne gemeinsame Augenblicke entgehen! Dasselbe gilt für Gott. Manche Leute glauben, dass sie erst dann Zeit mit Gott verbringen müssten, wenn sie älter sind. Aber wenn wir warten, erst dann Gottes Freund zu sein, wenn wir älter sind, wird uns viel entgehen – seine außerordentliche Liebe, seine Hilfe und seine Freundschaft. Deshalb warte nicht – werde heute Gottes Freund!

Ich muss nicht warten, Gottes Freund zu sein.
Eine Freundschaft mit Gott hält immer und ewig!

3. JULI

SIEH AUF DIE HELLE SEITE

Glücklich sind die Traurigen. Denn Gott wird sie trösten.
Matthäus 5, 4

Jeder von uns ist manchmal traurig. Aber Gott liebt uns so sehr, dass er immer einen Weg findet, damit wir uns besser fühlen. Unsere Eltern nehmen uns in den Arm und wischen unsere Tränen weg. Unsere Freunde bringen uns zum Lachen und spielen mit uns, wenn wir einsam sind. Der Sonnenschein verjagt düstere Wolken. Wenn du das nächste Mal traurig bist, dann sieh auf die helle Seite des Lebens. Welche Dinge machen dich wieder fröhlich?

Wenn es scheint, dass es düster um dich herum ist, dann sieh auf die helle Seite!

DAS RICHTIGE TUN

Glücklich sind, die sich nach Gottes Gerechtigkeit sehnen,
denn Gott wird ihre Sehnsucht stillen.
Matthäus 5, 6

Was würdest du tun, wenn dir ein Freund sagen würde, dass du etwas Verkehrtes tun sollst? Das Richtige zu tun ist nicht immer leicht. Die Leute könnten sich über dich lustig machen oder sagen, dass du eigenartig bist. Aber wenn du das Richtige tust, dann tust du immer das Beste. Verkehrte Dinge zu tun wird immer zu Schwierigkeiten führen. Aber das Richtige zu tun wird dich immer glücklich machen. Wenn du weißt, dass du tust, was Gott möchte, bist du glücklich.

Es ist so ein gutes Gefühl, das Richtige zu tun.
Ich möchte Gott mit ganzem Herzen folgen!

5. JULI

EIN REINES HERZ

Glücklich sind, die ein reines Herz haben, denn sie werden Gott sehen.
Matthäus 5, 8

In der Bibel steht, dass du glücklich sein wirst, wenn du ein reines Herz hast. Ein reines Herz zu haben bedeutet, dass du in anderen Menschen und Begebenheiten das Gute siehst. Zum Beispiel weiß ein Mensch mit einem reinen Herzen an einem Regentag, dass Gott den Regen geschickt hat, damit die Blumen wachsen können. Oder wenn ein Freund schlechte Laune hat, dann siehst du ihm seine Unfreundlichkeit nach, weil du weißt, dass er traurig sein könnte. Bitte Gott, dass er dir ein reines Herz schenkt.

Mit einem reinen Herz kann ich all das Gute sehen, das mich überall umgibt!

6. JULI

DER GRÖSSTE PREIS

Freut euch, denn im Himmel werdet ihr dafür belohnt werden.
Matthäus 5, 12

Wenn dich jemand darum bitten würde, den Himmel zu beschreiben, was würdest du dann antworten? Glaubst du, dass der Himmel ein Ort ist, an dem es viele Engel gibt, flockige weiße Wolken und Straßen aus Gold? Die Bibel sagt uns nicht genau, wie der Himmel aussehen wird. Aber sie sagt, dass diejenigen, die an Jesus glauben, dort für immer und ewig zusammen mit Gott leben werden. Selbst wenn das Leben manchmal schwierig ist, können wir uns jetzt schon auf den größten Preis freuen – den Himmel!

Das Leben hier auf der Erde ist nur der Anfang.
Der Himmel ist der größte Preis, den wir gewinnen können!

ICH KANN ALLE MENSCHEN LIEBEN

Ich sage aber: Liebt eure Feinde
und betet für alle, die euch hassen und verfolgen!
Matthäus 5, 44

Eines der schwierigsten Dingen, die uns Gott zu tun bittet, besteht darin, unsere Feinde zu lieben. Wie kannst du einen Menschen lieb haben, den du nicht einmal magst? Wie kannst du für jemanden beten, der dir wehtut? Hierbei hilft Gott. Bitte ihn, dass er dir diese besondere Liebe in dein Herz legt. Dann kannst du zu Menschen freundlich sein, die zu dir nicht freundlich sind. Und wer weiß – vielleicht werdet ihr eines Tages sogar Freunde!

Obwohl es manchmal schwierig sein kann,
andere zu lieben, legt Gott mir eine besondere Liebe ins Herz,
mit der ich alle Menschen lieben kann.

SCHÖNE BLUMEN

Wenn Gott sogar die Feldblumen so ausstattet,
die heute blühen und morgen verbrannt werden,
wird er sich dann nicht erst recht um euch kümmern?
Matthäus 6, 30

Der Sommer ist die Zeit der Blumen! Wenn du das nächste Mal mit dem Auto unterwegs bist, dann achte einmal auf all die schönen, wilden Blumen, die am Straßenrand oder auf den Feldern wachsen. Diese Pflanzen gehören niemandem, allein Gott kümmert sich darum, dass sie wachsen und gedeihen. Wie er das macht? Er sorgt dafür, dass sie genügend Regen und Sonnenschein bekommen. Das brauchen sie zum Wachsen. Und so kümmert sich Gott auch um dich – er kümmert sich sogar noch viel mehr um dich als um die Pflanzen. Wenn du schöne Blumen siehst, dann denke daran, wie Gott für sie sorgt – und für dich!

Lieber Gott, du kümmerst dich um all die Blumen, die ich sehe. Du sorgst dafür, dass sie wachsen können, genauso wie bei mir!

9. JULI

ALLES, WAS ICH BRAUCHE

Gebt nur Gott und seiner Sache den ersten Platz in eurem Leben, so wird er euch auch alles geben, was ihr nötig habt.
Matthäus 6, 33

Gott hat versprochen, dass er dir jeden Tag alles geben wird, was du brauchst. Vielleicht hast du nicht so viele Spielsachen, wie du gern hättest. Vielleicht scheint es dir, dass einige deiner Freunde viel mehr haben als du. Selbst wenn du gern mit den Spielsachen spielst, die du besitzt, scheint es immer ein paar neue Spielsachen zu geben, die du gern hättest. Aber Gott möchte, dass du mit dem zufrieden bist, was du hast. Du bekommst vielleicht nicht immer alles, was du möchtest, aber du kannst gewiss sein, dass du immer alles haben wirst, was du brauchst.

Lieber Gott, du gibst mir alles, was ich brauche. Deine Liebe zu mir ist gewiss!

10. JULI

DAS HEUTE GENIESSEN

Habt keine Angst vor der Zukunft! …
Gott wird auch morgen für euch sorgen.
Matthäus 6, 34

Das Leben soll dazu dienen, dass wir das Heute genießen. Aber die Menschen – ganz besonders die Erwachsenen – neigen dazu, dies schnell zu vergessen. Anstatt sich am heutigen Tag zu erfreuen, sorgen sie sich schon darum, was morgen sein wird. Aber der morgige Tag ist voller wunderbarer Augenblicke, und Gott möchte, dass wir jeden Tag in vollen Zügen genießen. Darum brauchst du dich nicht um morgen zu sorgen. Genieße den heutigen Tag!

Der heutige Tag ist bereits voller wunderbarer Augenblicke, so dass der morgige Tag ruhig auf mich warten kann.

11. JULI

VERGRABENE SCHÄTZE

Denn wer bittet, der wird bekommen. Wer sucht, der findet.
Und wer anklopft, dem wird geöffnet.
Matthäus 7, 8

Stell dir vor, du würdest auf Schatzsuche gehen. Du hast eine Landkarte und eine Liste mit Hinweisen, die dir beim Suchen helfen. Du bist ganz aufgeregt, aber dann wird die Schatzsuche auf einmal schwierig. Wirst du nun aufhören? Vielleicht ja. Aber in der Bibel steht, dass du schließlich finden wirst, was du suchst, wenn du mit dem Suchen nicht aufhörst. Ob du nun nach einem vergrabenen Schatz oder nach Antworten auf Fragen suchst, die du über Gott hast: Gib niemals auf!

Wenn du nicht aufgibst, wirst du finden, was du suchst. Gott wird dir alle deine Fragen beantworten.

GUTE DINGE

Wenn schon ihr … Menschen euern Kindern Gutes gebt, wie viel mehr wird euer Vater im Himmel denen gute Gaben schenken, die ihn darum bitten!
Matthäus 7, 11

Wenn du deine Mutti oder deinen Papa um etwas Gutes bittest, dann werden sie alles tun, um es dir zu geben. Wenn du ihnen sagst, dass du frierst, werden sie dir eine warme Decke geben. Wenn du Hunger hast, werden sie dafür sorgen, dass du genug zu essen hast. Gott ist in vielen Dingen wie deine Eltern. Er liebt es, dir gute Dinge zu geben, wenn du ihn darum bittest. Du brauchst niemals Angst zu haben, Gott um gute Dinge zu bitten, die du brauchst.

Wenn ich Gott um etwas bitte, das ich brauche, gibt er es gern. Er kümmert sich jeden Tag um meine Bedürfnisse.

LEBE DEINE LIEBE

So wie ihr von den Menschen behandelt werden möchtet,
so behandelt sie auch.
Matthäus 7, 12

Wie möchte Gott, dass du dein Leben führst? Denke einfach an diesen Vers. Gott möchte, dass du andere so behandelst, wie du auch gerne behandelt werden möchtest. Wenn du jemanden siehst, der Hilfe benötigt, dann hilf ihm. Wenn jemand mit dir spricht, dann höre aufmerksam zu. Umarme andere Menschen, sei freundlich zu jedem und zeige die Art von Liebe, die du auch gerne erfährst.

Wenn ich sehe, dass mein Freund Hilfe braucht, möchte ich ihm genau so helfen, wie ich mir wünsche, dass mir geholfen würde.

AUF FELSIGEN GRUND

Wer meine Worte hört und danach handelt, der ist klug. Man kann ihn mit einem Mann vergleichen, der sein Haus auf felsigen Grund baut.
Matthäus 7, 24

Hast du schon einmal eine Sandburg gebaut? Es macht Spaß, Sandburgen zu bauen, nicht wahr? Sie sehen großartig aus, aber sie bleiben nicht sehr lange stehen. Eine große, wuchtige Welle kann sie im Nu zum Einsturz bringen. Wenn du etwas bauen möchtest, das bestehen bleiben soll, musst du stärkeres Material als Sand verwenden. Gott sagt, dass wir unser Leben auch auf starkem Material aufbauen sollen – auf seinem Wort in der Bibel. Auf Gott hören ist genau so, wie wenn man ein Haus auf einem felsigen Grund baut – statt auf weichem Sand.

Wenn ich auf Gott höre, bewege ich mich auf felsigem Grund. Ich werde kluge Entscheidungen treffen, egal, was kommt.

15. JULI

DU BIST WERTVOLL!

Darum habt keine Angst!
Ihr seid Gott mehr wert als ein ganzer Spatzenschwarm.
Matthäus 10, 31

Gott kümmert sich stets mit großer Sorgfalt um seine Geschöpfe. Er sorgt dafür, dass alle Tiere ihre Wohnstätte haben. Und wenn ein Tier verletzt wird, dann weiß Gott es. Er bemerkt sogar, wenn ein kleiner Vogel aus seinem Nest fällt oder wenn ein Häschen etwas zu essen braucht. Aber in der Bibel steht, dass er sich um dich noch viel mehr kümmert. Wenn er so gut für die Tiere sorgt, wie muss er dann erst für dich sorgen!

Gott kümmert sich um die Eichhörnchen und die Vögel, wie sehr muss er sich dann erst um mich kümmern!

16. JULI

EINE LEICHTE LAST

Ich meine es gut mit euch und bürde euch keine unerträgliche Last auf.
Matthäus 11, 30

Wenn du klein bist und deine Beine noch kurz sind, wirst du schneller müde als jemand, der größer ist als du. Aber gerade dann, wenn du glaubst, dass du keinen Schritt mehr weiter laufen kannst, hebt dich jemand hoch und trägt dich. Bist du nicht sehr froh darüber? Jemand, der größer und stärker ist als du, findet überhaupt nicht, dass du schwer bist. Gott ist der Größte und der Stärkste im ganzen Universum. Und er möchte, dass wir ihm alle unsere Ängste und Sorgen abgeben. Unsere Sorgen sind zu schwer für uns, aber für Gott sind sie eine leichte Last!

Gott weiß, dass meine Sorgen zu schwer für mich sind. Für ihn sind sie eine leichte Last. Er ist der Größte und Stärkste!

17. JULI

WIE DIE KINDER

Wer aber so klein und demütig sein kann wie ein Kind,
der ist der Größte in Gottes Reich.
Matthäus 18, 4

Viele Kinder können es kaum erwarten, älter zu werden. Sie wollen größer oder klüger oder stärker sein, damit sie all jene Dinge tun können, die die Erwachsenen tun. Aber Gott sagt, dass die Erwachsenen mehr wie die Kinder werden sollen! Kinder sind gewöhnlich vertrauensvoller als Erwachsene. Sie glauben, dass Gott sich um alle ihre Bedürfnisse kümmert. Sie wissen, dass Gott bei ihnen ist. Aber die Erwachsenen vergessen das manchmal. Wenn du älter wirst, dann vergiss nicht all die vielen Dinge, die du über Gott gelernt hast. Es ist nicht kindisch, Gott zu vertrauen.

Auch wenn ich noch klein bin, können die Erwachsenen dennoch von mir lernen!

18. JULI

ZEIT MIT GOTT

Denn wo zwei oder drei in meinem Namen zusammenkommen,
bin ich in ihrer Mitte.
Matthäus 18, 20

Weißt du, warum die Menschen in den Gottesdienst gehen? Ein wichtiger Grund ist der, dass sie dort Gott ganz nahe sein können. Es gibt aber viele andere Orte, an denen wir Gottes Gegenwart auch spüren können. Wenn du und deine Familie vor dem Essen beten, dann ist Gott da. Wenn du draußen mit einem Freund in der Natur spielst, die Gott geschaffen hat, dann ist Gott da. Wenn du ein Lied von Gott singst oder ihm für all die großartigen Dinge dankst, die er dir geschenkt hat, dann ist Gott da. Wenn du also Zeit mit Gott verbringen möchtest, dann verabrede dich mit einem Freund. Und dann ladet Gott ein, bei euch zu sein!

Ich kann überall Zeit mit Gott verbringen.
Egal, was ich tue, er ist immer da.

ICH HAB MICH LIEB!

Liebe deine Mitmenschen wie dich selbst.
Matthäus 19, 19

Gott möchte, dass du jeden Menschen lieb hast. Aber bevor du wirklich jemand anderen lieb haben kannst, musst du dich selbst lieb haben! Du bist etwas ganz Besonderes, und Gott hat dich sehr lieb. Und er möchte, dass du das glaubst! Wenn du dies tust, wirst du anfangen, die Menschen um dich herum mit anderen Augen zu betrachten.

Der Freund, mit dem du spielst, der Postbote, die Person, die auf dich aufpasst, wenn deine Eltern fort sind – du weißt, dass sie alle besondere Menschen sind, die Gott geschaffen hat und die er lieb hat. Du kannst andere und dich selbst lieben!

Lieber Gott, ich bin etwas ganz Besonderes, und du hast mich sehr lieb.
Andere Menschen sind auch etwas Besonderes -
und ich habe sie lieb!

20. JULI

MIT GOTT KANN ICH ALLES TUN!

Bei Gott ist alles möglich!
Matthäus 19, 26

Kann Gott dir helfen, etwas wirklich Großartiges zu tun? Natürlich kann er das! Wer hat schließlich die Sterne und den Mond gemacht? Wer hat die Sonne und den Regen gemacht? Wer hat dich und alle anderen Menschen gemacht? Wenn Gott all dies tun kann, dann kann er dir bei allen Dingen helfen. Vielleicht denkst du, dass du nicht lernen kannst, zu schwimmen oder Fahrrad zu fahren oder ganz allein ohne die Hilfe anderer zu lesen. Aber vergiss nicht, wer an deiner Seite ist. Du kannst viel mehr tun, als du denkst!

Mit Gott an meiner Seite kann ich Dinge tun, die ich noch gar nicht ausprobiert habe!

21. JULI

GOTT HÖRT MEIN GEBET!

Ihr werdet alles bekommen, wenn ihr im festen Glauben darum bittet.
Matthäus 21, 22

Wenn du Gott um etwas bittest, was glaubst du, wird er dann tun? Wird er dich vergessen? Wird er warten, um zu sehen, ob du es verdienst, worum du ihn gebeten hast? Nein. Wenn du Gott um etwas bittest, dann hört er dich. Und was das Allerschönste ist: Er hat versprochen, dass er dir immer antworten wird. Wenn du betest, dann bitte Gott um die Dinge, die du wirklich brauchst. Und dann vertraue ihm, dass er dir geben wird, worum du ihn gebeten hast – selbst wenn dies vielleicht ganz anders aussehen wird, als du es erwartet hast!

Wenn ich mit Gott spreche, hört er mir zu und kümmert sich um mich. Ich kann Gott vertrauen, dass er meine Gebete immer beantwortet.

22. JULI

KLEINE AUFGABEN

In kleinen Dingen bist du treu gewesen,
darum werde ich dir größere Aufgaben anvertrauen.
Matthäus 25, 21

Jesus hat seinen Freunden eine Geschichte von einem Mann erzählt, der eine lange Reise gemacht hat. Bevor er fortging, vertraute er jedem seiner Diener eine andere Aufgabe an. Manche Aufgaben waren groß, und andere waren klein. Als er wieder zurückkehrte, war er sehr zufrieden mit dem Diener, der seine kleine Aufgabe gut gemacht hatte. Deshalb vertraute er ihm eine größere Aufgabe an. Wenn dir deine Eltern eine Aufgabe auftragen, dann erinnere dich an diese Geschichte. Wenn du zeigst, dass du schon kleine Aufgaben gut machen kannst, dann können dir deine Eltern mehr anvertrauen. Vielleicht werden sie dir das nächste Mal erlauben, mit dem Fahrrad um den Häuserblock zu fahren oder bei einem Freund zu übernachten!

Ich will tun, worum mich meine Eltern bitten, und sie werden staunen!
Ich will meinen Eltern zeigen, dass sie mir vertrauen können.

23. JULI

TU ES FÜR JESUS

Das will ich euch sagen: Was ihr für einen meiner geringsten Brüder getan habt, das habt ihr für mich getan!
Matthäus 25, 40

Jesus ist der Sohn Gottes. Als er auf der Erde lebte, zeigte er den Menschen, wie sie Gott nachfolgen konnten. Zum Beispiel lehrte er sie, dass wir jeden Menschen so behandeln sollen, wie wir Jesus behandeln würden. Wenn du Jesus allein auf dem Spielplatz sitzen sehen würdest, dann würdest du zu ihm gehen und mit ihm sprechen. Wenn du sehen würdest, dass Jesus traurig oder ängstlich oder verletzt wäre, dann würdest du versuchen, ihm zu helfen. Jesus hat gesagt, dass wir mit den Menschen um uns herum das Gleiche tun sollen. Wann immer wir einem von Gottes Geschöpfen Liebe geben, geben wir sie auch ihm.

Wenn ich jemandem helfe, der ängstlich oder traurig ist, dann ist es so, als würde ich Jesus helfen.

24. JULI

DU KANNST GANZ SICHER SEIN

Ihr dürft sicher sein: Ich bin immer und überall bei euch!
Matthäus 28, 20

Als Jesus die Erde verließ, um zu Gott, seinem Vater, in den Himmel zurückzukehren, gab er allen seinen Freunden auf der Erde ein Versprechen. Er sagte ihnen, dass er immer bei ihnen sein würde. Und dies war nicht das erste Mal, dass solch eine Art von Versprechen gemacht wurde. Gott gab uns am Anfang der Bibel das gleiche Versprechen, noch bevor Jesus auf die Erde kam. Warum hat uns Gott dieses Versprechen zwei Mal gemacht? Damit wir ganz sicher wissen, dass Gott, unser Vater, und Jesus, sein Sohn, immer bei uns sind. Zusammen mit dem Heiligen Geist beschützen sie uns, antworten auf unsere Gebete, vergeben uns unsere Sünde, wenn wir sagen, dass es uns Leid tut, und zeigen uns ihre Liebe.

Ich kann ganz sicher wissen, dass Gott immer bei mir ist. Dieses Versprechen hat Gott uns nicht einmal, sondern zwei Mal gemacht!

25. JULI

ANGELN GEHEN

Kommt zu mir! Ich will euch zeigen,
wie ihr Menschen für Gott gewinnen könnt.
Markus 1, 17

Wenn du jemals angeln gegangen bist, dann weißt du, dass du einen Köder brauchst – irgendetwas, was die Fische anzieht –, um überhaupt erst einmal welche anzulocken. Dasselbe gilt, wenn es darum geht, anderen von Gott zu erzählen. Wenn wir Gottes Liebe mit anderen teilen, werden sie so glücklich sein, dass sie mehr von ihm erfahren wollen. Du brauchst nichts Besonderes tun, um anderen Menschen von Gott zu erzählen. Du brauchst sie einfach nur zu lieben und dich um sie zu kümmern. Und bevor du dich umsiehst, haben sie schon angebissen!

Ich möchte Gottes Liebe an andere Menschen weitergeben.
Die Menschen werden so glücklich sein,
dass sie mehr von Gott erfahren wollen.

EIN GROSSER ARZT

Die Gesunden brauchen keinen Arzt, sondern die Kranken. Meine Aufgabe ist es, Sünder in die Gemeinschaft mit Gott zu rufen, und nicht solche, die Gott bereits kennen. Markus 2, 17

Wie fühlst du dich, wenn du Halsschmerzen und Fieber hast? Ziemlich schlecht, nicht wahr? Wenn du krank bist, dann sind du – und deine Eltern! – sehr froh darüber, dass der Arzt genau weiß, welches Medikament du einnehmen musst, damit es dir wieder besser geht. Jesus sagt uns, dass er – genauso wie ein Arzt – kam, um denen zu helfen, die ihn brauchen. Wenn du krank bist, brauchst du einen Arzt. Und wenn du erkennst, dass du Hilfe brauchst, dann ist Jesus da, um dir zu vergeben und zu helfen.

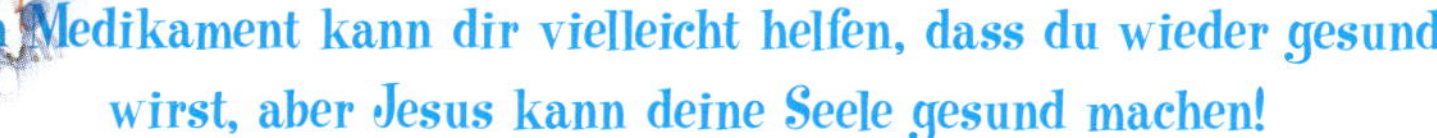

Ein Medikament kann dir vielleicht helfen, dass du wieder gesund wirst, aber Jesus kann deine Seele gesund machen!

27. JULI

HÖREN UND LERNEN

Wer meine Botschaft versteht, der wird einmal alles begreifen.
Markus 4, 25

Gehorsam sein ist etwas sehr Wichtiges. Aber es ist nicht immer einfach. Manchmal sagen dir deine Mutti oder dein Papa vielleicht, dass du deine Spielsachen mit anderen Kindern teilen sollst, wenn dir überhaupt nicht nach Teilen zu Mute ist. Oder vielleicht sagen sie, dass du die Wahrheit sagen sollst, wenn du gerade einen Fehler gemacht hast. Aber Gott sagt, dass Gehorsam wichtig ist. Deine Eltern können dir helfen zu lernen, wie du Gott besser nachfolgen kannst. Wenn sie dir also etwas sagen, dann ist es gut, auf sie zu hören – und sie zu verstehen.

Meine Eltern sagen mir, was richtig und was falsch ist. Sie helfen mir zu lernen, wie ich Gott nachfolgen kann.

28. JULI

FÜR IHN

Wer sein Leben um jeden Preis erhalten will, der wird es verlieren.
Wer aber sein Leben für mich einsetzt, der wird es für immer gewinnen.
Markus 8, 35

Wenn du älter wirst, wirst du entdecken, dass du viele Dinge tun kannst. Vielleicht entdeckst du, dass du Geschichten schreiben kannst. Oder Bilder malen. Oder wunderschön singen. Und du wirst aus deinen Talenten alles herausholen wollen. Aber vergiss nie, dass dir deine Talente von Gott geschenkt worden sind. Er möchte, dass du sie dazu benutzt, um seine Liebe in seiner Welt zu verbreiten. Welche Talente besitzt du, mit denen du heute anderen Gottes Liebe zeigen kannst?

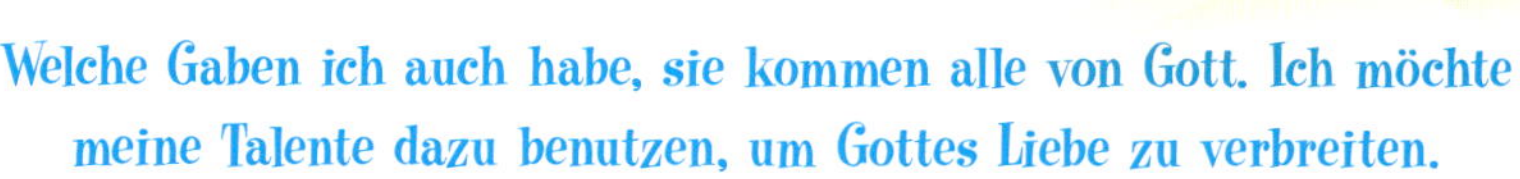

Welche Gaben ich auch habe, sie kommen alle von Gott. Ich möchte meine Talente dazu benutzen, um Gottes Liebe zu verbreiten.

GUTE TATEN

*Erfrischt euch ein Mensch mit einem Schluck Wasser,
weil ihr zu Christus gehört, so wird er seinen Lohn erhalten.
Markus 9,41*

Selbst wenn du noch sehr klein bist, kannst du dennoch große Veränderungen im Leben der Menschen um dich herum bewirken. Wenn deine Mama müde ist, kannst du sie umarmen. Wenn deine Schwester traurig ist, kannst du sie trösten. Wenn ein Freund einen Spielkameraden braucht, kannst du ihn zu dir nach Hause einladen. Es gefällt Gott sehr, wenn du zu anderen Menschen freundlich bist. Und den Menschen, um die du dich kümmerst, bedeutet es eine Menge!

**Ich kann anderen Menschen auf vielerlei Weise Freude bereiten.
Gott freut sich, wenn ich zu anderen Menschen freundlich bin.**

30. JULI

JESUS LIEBT KINDER!

Lasst doch die Kinder zu mir kommen! Haltet sie nicht zurück!
Markus 10,14

Eines Tages, als Jesus auf der Erde lebte, brachten einige Mütter und Väter ihre kleinen Kinder zu Jesus, damit er sie segnete. Aber ein paar Erwachsene waren der Meinung, dass die Kinder Jesus nicht stören sollten. Diese Erwachsenen versuchten, die Kinder fortzuschicken. Aber wie Unrecht die Erwachsenen hatten! Jesus sagte ihnen klar und deutlich, dass Kinder für ihn von großer Bedeutung sind. Warum? Weil sie Erwachsenen zeigen, wie man Gott lieben und ihm vertrauen kann. Warum sollten die Kinder diese wundervolle Gabe nicht an die Erwachsenen weitergeben?

Jesus liebt kleine Kinder wie mich.
Ich habe Jesus lieb und vertraue ihm!

31. JULI

WER IST DER ERSTE?

Viele, die jetzt eine große Rolle spielen, werden dann nichts bedeuten. Und andere, die heute die Letzten sind, werden dort zu den Ersten gehören. Markus 10, 31

Wichtig zu sein verleiht manchen Menschen das Gefühl, etwas Besonderes zu sein. Sie verletzen lieber die Gefühle anderer Menschen oder lügen oder betrügen, nur um bei allem der Erste zu sein. Aber Gottes unglaubliche Liebe stellt alle Regeln der Welt auf den Kopf. Die Menschen, die für Gott etwas ganz Besonderes darstellen, sind oftmals nicht diejenigen, die hier auf der Erde berühmt sind. Stattdessen sind es Menschen, die Gott still und leise mehr als alles andere in der Welt lieben. Sie kümmern sich um andere und verhalten sich freundlich und rücksichtsvoll. Selbst wenn du später einmal berühmt wirst, erinnere dich immer daran, was Gott für wichtig hält. Und versuche immer, zuallererst diese Art von Person zu sein.

Wenn du glaubst, du müsstest der oder die Erste sein, dann denke daran, was Gott für wichtig hält.

August

EIN BESONDERES BABY

Darum wird dieses Kind auch heilig sein
und Sohn Gottes genannt werden.
Lukas 1,35

Du hast nun schon von vielen besonderen Dingen gehört, die Jesus getan und gesagt hat, als er auf der Erde lebte. Aber Jesus war schon etwas Besonderes, bevor er geboren wurde. Maria, die Mutter von Jesus, erfuhr, dass sie ein Baby bekommen würde, als ein Engel in ihrem Haus erschien und ihr dies mitteilte. Wie aufregend das für Maria gewesen sein muss! Der Engel sagte Maria auch, dass ihr Baby Gottes eigener Sohn sein werde. Nun, das würde bestimmt ein ganz besonderes Baby werden!

Der Engel hatte eine ganz besondere Nachricht für Maria: Das Baby, das sie bekommen würde, war Gottes eigener Sohn!

ECHTER GLAUBE

Wie glücklich kannst du sein, weil du geglaubt hast!
Was Gott dir angekündigt hat, wird geschehen.
Lukas 1,45

Der Engel, der Maria besuchte, teilte ihr mit, dass sie die Mutter von Gottes eigenem Sohn sein würde. Maria bekam diese Botschaft Monate bevor Jesus geboren wurde. Und obwohl die Mitteilung des Engels unglaubwürdig erschien, vertraute Maria Gott. Sie wartete geduldig. Und dann kam Jesus endlich zur Welt, und Maria war überglücklich, weil sie an Gottes Verheißung geglaubt hatte!

Maria glaubte an die großartige Botschaft des Engels.
Wer Gott vertraut, der wird niemals enttäuscht.

EINE ÜBERRASCHUNG FÜR DIE HIRTEN

In dieser Nacht bewachten draußen auf dem Feld einige Hirten ihre Herden. … Der Engel sagte: „Fürchtet euch nicht! Ich bringe euch die größte Freude für alle Menschen: Heute ist für euch … der lang ersehnte Retter zur Welt gekommen."
Lukas 2, 8. 10-11

Kannst du dir vorstellen, wie sich diese Schafhirten gefühlt haben? Sie waren spät in der Nacht draußen und passten auf ihre Schafe auf. Sie waren wahrscheinlich müde und ihnen war kalt, und vielleicht langweilten sie sich auch ein bisschen. Plötzlich, wie aus dem Nichts, erschien ein Engel! Er teilte ihnen die unglaublichste Botschaft der Geschichte mit: Jesus, Gottes Sohn, war soeben geboren! Manchmal vergessen wir, wie wunderbar es ist, dass Gott uns so sehr lieb hat, dass er uns seinen einzigen Sohn sandte, weil er hier auf der Erde mit uns leben sollte. Aber genau so ist es tatsächlich gewesen. Wenn das kein Grund zum Feiern ist!

Gottes Botschaft kam zu den Hirten, als sie auf ihre Schafe aufpassten. Als Gottes Sohn geboren wurde, schliefen die meisten Menschen.

4. AUGUST

VIELE FRAGEN

Jesus saß bei den Schriftgelehrten, hörte ihnen aufmerksam zu und stellte Fragen. Alle wunderten sich über sein Wissen und seine Antworten.
Lukas 2, 46-47

Als Jesus ein kleiner Junge war, mochte er wahrscheinlich viele von den Dingen, die du auch gerne magst, wie zum Beispiel Lachen und Hühnerjagen und mit Freunden spielen. Er liebte es auch, Neues zu erfahren, ganz besonders über die Dinge, die sein himmlischer Vater auf der Erde tat. So sprach er mit Gott und den Menschen, die ihm eine Antwort auf seine vielen Fragen geben konnten, wie zum Beispiel seine Lehrer und seine Eltern. Wenn du mehr über Gott wissen willst, dann tu das, was Jesus getan hat. Sprich mit den Erwachsenen, die du kennst. Stell ihnen viele Fragen!

Lieber Gott, es gibt so viele Dinge, die ich über dich lernen kann.
Wenn ich viele Fragen stelle,
kann ich dich immer besser kennen lernen.

JESUS ALS KIND

So wuchs Jesus heran. Sein Wissen und sein Verständnis nahmen zu.
Die Menschen liebten ihn und erkannten:
Gott hat etwas Besonderes mit ihm vor.
Lukas 2, 52

Jesus wurde als der Sohn Gottes geboren, deshalb meinst du vielleicht, dass er superschlau und superstark war. Aber Jesus war genauso ein Mensch wie du. Vielleicht hatte er Sommersprossen oder Haare, die manchmal lustig in alle Richtungen standen. Vielleicht war er schüchtern oder las gern. Wir wissen nicht viel über die Zeit, als Jesus ein Kind war. Aber wir wissen, dass er seinen Eltern gehorsam war und dass er ein Kind war so wie du. Wenn du dich manchmal allein fühlst, dann denke daran, dass Jesus weiß, wie es ist, ein Kind zu sein. Schließlich war er auch einmal klein.

Jesus war für eine Weile so klein wie ich.
Er weiß, wie es ist, ein Kind zu sein.

6. AUGUST

LIEBE DEINE FEINDE

Ihr aber sollt eure Feinde lieben und den Menschen Gutes tun.
Lukas 6, 35

Jesus brachte seinen Nachfolgern eine neue Art und Weise bei, wie sie sich gegenseitig behandeln sollten. Wenn dir jemand wehtut, dann möchtest du ihm normalerweise auch wehtun. Wenn dich jemand nicht mag, dann magst du ihn auch nicht. Aber Jesus hat gesagt, dass wir unsere Feinde lieben sollen. Das ist nicht leicht, aber Jesus kann dir dabei helfen. Wenn du deinen Feinden Gutes tust, kann es passieren, dass du dein Leben und ihr Leben veränderst – für immer.

Wenn jemand gemein zu mir ist,
dann bitte ich Gott, dass mein Herz voller Liebe ist
und dass er mir die Kraft schenkt, freundlich zu sein.

7. AUGUST

JESU BEISPIEL FOLGEN

Wenn ihr bereit seid, anderen zu vergeben,
dann wird Gott auch euch vergeben.
Lukas 6, 37

Wie kannst du lernen, neue Dinge zu tun? Oftmals, indem du anderen zuguckst. Du kannst lernen, Fahrrad zu fahren, Fangen zu spielen oder sogar Seil zu hüpfen, wenn du zuerst zusiehst und es dann selbst versuchst. Genauso kannst du auch lernen, anderen Menschen zu vergeben, wenn sie dir unrecht getan haben. Wir lernen zu vergeben, indem wir uns Jesus zum Vorbild nehmen und beobachten, wie er anderen Menschen vergeben hat. Je mehr du darüber erfährst, wie Jesus gehandelt hat, umso mehr wirst du anderen vergeben können.

Es ist schwer zu vergeben, wenn mir jemand unrecht getan hat.
Aber ich kann beobachten, wie Jesus gehandelt hat,
und seinem Beispiel folgen.

WIE EIN HELLES LICHT

Wenn alles an dir licht und nichts mehr finster ist, wirst du so leuchten, als würdest du von einem hellen Licht angestrahlt.
Lukas 11, 36

Es ist fast unmöglich, an einem sonnigen Tag drinnen zu bleiben. Ein klarer blauer Himmel und viel Sonnenschein betteln dich geradezu an, dass du hinausgehst und draußen spielst. Wenn die Menschen sehen, wie das Licht von Jesu Liebe durch dich hindurchscheint, werden sie sich ebenfalls zu dir hingezogen fühlen. Sie wollen wissen, woher all deine Fröhlichkeit und deine Freude kommen. Du kannst ihnen sagen, dass jeder Tag voller Sonnenschein ist, wenn Jesus in deinem Herzen wohnt!

Wenn mein Herz mit Freude und Liebe erfüllt ist, scheint Jesu Liebe wie ein helles Licht durch mich hindurch.

9. AUGUST

ZU VIELE HAARE ZUM ZÄHLEN

Selbst die Haare auf eurem Kopf sind alle gezählt.
Lukas 12,7

Weißt du, wie viele Haare du hast? Wissen es deine Mama und dein Papa? Du könntest versuchen, jedes einzelne Haar auf deinem Kopf zu zählen, aber du würdest es niemals herausfinden. Es sind einfach zu viele! Aber Gott schenkt dir so viel Aufmerksamkeit, dass er weiß, wie viele Haare du hast. Und er weiß auch alles andere über dich. Ist es nicht schön, jemanden zu haben, dem du so viel bedeutest?

Ich kann nicht alle Haare auf meinem Kopf zählen, aber Gott kann es - ich muss ganz schön wichtig für ihn sein!

GOTT SUCHT IN ALLEN ECKEN

Zehn Silbermünzen hatte eine Frau gespart. Als ihr eines Tages eine fehlt,
zündet sie sofort eine Lampe an,
stellt das ganze Haus auf den Kopf und sucht in allen Ecken.
Lukas 15, 8

Macht es dich nicht verrückt, wenn du einmal dein Lieblingsspielzeug nicht finden kannst? Dann kannst du an nichts anderes mehr denken. Du suchst hinter den Sofakissen, wühlst in deinem Kleiderschrank und kriechst sogar unters Bett, bis du dein Spielzeug gefunden hast. Genauso empfindet Gott für uns, und sogar noch stärker! Wir sind ihm alle sehr wichtig. Wenn Gott weiß, dass nur einer von uns verloren ist oder in Schwierigkeiten steckt oder ihm nicht mehr nachfolgt, dann sucht er uns so lange, bis wir wieder sicher und geborgen bei ihm sind.

Wenn du dich einmal verirrst, dann sucht Gott in allen Ecken nach dir.
Er sorgt dafür, dass dir nichts zustößt,
bis du wieder sicher bei ihm bist.

11. AUGUST

WIE EIN WINZIGES SAMENKORN

Selbst wenn euer Glaube so winzig wäre wie ein Senfkorn, …
Lukas 17, 6

Jesu Nachfolger wollten wissen, wie sie einen größeren Glauben an Gott bekommen könnten. Darum benutzte Jesus als Beispiel ein Senfkorn. Warum nahm er wohl ein Senfkorn? Weil es eines der winzigsten Samenkörner ist, das es gibt. Aber es lebt und wächst. Wenn ein Senfkorn in der Erde eingepflanzt wird, beginnt es, Wurzeln zu schlagen und sich zu verbreiten. So wie das kleine Senfkorn, so wird auch ein kleines bisschen Glaube Wurzeln schlagen und in dir wachsen. Und bald schon wird es sich verbreiten und gute Früchte in deinem Leben tragen. Danke Gott für das kleine Samenkorn Glaube, das in dir wächst!

Mein Glaube mag zwar klein und kaum sichtbar sein, aber er ist lebendig und wächst in mir!

WIEDER LEBENDIG!

Er ist auferstanden!
Lukas 24, 6

Gott, der Vater, sandte seinen Sohn Jesus, damit er mit uns auf der Erde leben sollte. Jesus hat uns gezeigt, wie wir einander lieben und vergeben können. Er lehrte uns, wie wir zu Menschen freundlich sein können, die anders sind als wir. Aber er hat auch etwas wirklich Verblüffendes getan. Jesus wurde für die verkehrten Dinge, die wir getan haben, getötet, aber er blieb nicht tot. Gott erweckte ihn wieder zum Leben. Das tat Gott, um uns zu zeigen, dass Jesus stärker als der Tod ist! Und wir können auch für immer mit ihm im Himmel leben, wenn wir ihm vertrauen und ihn bitten, uns zu vergeben.

Gott kann alles tun - ja, das kann er tatsächlich. Er hat sogar Jesus wieder zum Leben auferweckt!

13. AUGUST

VON ANFANG AN

Am Anfang war das ewige Wort Gottes: Christus.
Immer war er bei Gott und ihm in allem gleich.
Johannes 1, 1-2

Erinnerst du dich, als du ganz am Anfang dieses Buches gelesen hast, wie Gott das ganze Universum geschaffen hat? Sogar damals schon, von Anbeginn an, war Jesus mit Gott, seinem Vater, im Himmel. Das bedeutet, dass Jesus alles über das Leben der Menschen weiß, angefangen bei Adam und Eva. Er weiß auch, wie sehr uns Gott liebt und sich um uns kümmert. Und er empfindet genauso für uns. Jesus war nicht nur ein Mensch, der für eine kurze Zeit auf der Erde lebte. Er war von Anfang an da, vom ersten Tag an, und genauso wie Gott wird auch er bis zum letzten Tag bei dir sein.

Danke, lieber Jesus, dass du für mich sorgst.
Es passiert nichts, was du nicht weißt.

14. AUGUST

DU BIST WERTVOLL

Denn Gott hat die Menschen so sehr geliebt, dass er seinen einzigen Sohn für sie hergab. Jeder, der an ihn glaubt, wird nicht verloren gehen, sondern das ewige Leben haben.   Johannes 3, 16

Wenn wir wirklich etwas wollen, müssen wir manchmal bereit sein, viel aufzugeben, um es zu bekommen. Wenn etwas derart wichtig ist, dann sagen wir, es ist „wertvoll". Und in Gottes Augen sind wir das Wertvollste, was es überhaupt gibt. Was hat Gott also aufgegeben, um dafür zu sorgen, dass wir für immer mit ihm im Himmel sein können? Er hat seinen Sohn, Jesus, aufgegeben. Es muss sehr schwer für Gott gewesen sein, uns seinen Sohn zu senden, weil er wusste, dass Jesus für die verkehrten Dinge, die wir getan haben, sterben werden muss. Aber er findet, dass wir das wert sind!

Gott hat uns seinen Sohn gesandt, damit wir leben können. Was für ein wunderbares Geschenk von Gott!

15. AUGUST

GENUG TRINKEN!

Wer aber von dem Wasser trinkt, das ich ihm gebe,
der wird nie wieder Durst bekommen.
Johannes 4, 14

Was braucht jedes Lebewesen, um zu leben? Nein, es ist nicht Eis. Es ist Wasser! Wenn wir nicht genügend Wasser zum Trinken bekommen, werden wir sehr, sehr durstig. Auf diese Weise sorgt unser Körper dafür, dass wir das Trinken nicht vergessen. Jesus hat gesagt, ihm nachzufolgen und ihn zu lieben ist wie Wasser trinken. Genauso wie wir Wasser brauchen, so benötigen wir auch Jesus, um zu leben. Und wenn wir nicht genügend von ihm bekommen, werden unsere Herzen durstig nach seiner Liebe. Wenn du Jesus nachfolgst, verspricht er dir, dass dein Herz niemals mehr durstig sein wird.

Komm zu Gottes Quelle, und du wirst niemals mehr durstig sein. Gott gibt jedem, der nach seiner Liebe dürstet, genug zu trinken.

16. AUGUST

MEHR ALS GENUG

Jeder bekam so viel, wie er wollte.
Johannes 6, 11

Eines Tages kam eine riesige Menschenmenge, um Jesus zuzuhören. Als die Leute hungrig wurden, sahen sich Jesu Freunde nach etwas zu essen um, das sie ihnen geben könnten. Aber alles, was sie hatten, waren ein wenig Brot und zwei Fische. Dann geschah etwas Unglaubliches: Irgendwie verwandelte Jesus diesen kleinen Vorrat in so viel Essen, dass er damit Tausende von Menschen satt machen konnte. Und es blieben sogar Reste übrig! Jesus tat eine ganze Menge solch verblüffender Dinge, um den Menschen zu zeigen, dass Gott immer für sie sorgen wird.

Als Jesus der Menschenmenge etwas zu essen gab, wurde aus ein wenig Brot und zwei Fischen so viel, dass alle satt wurden.

17. AUGUST

DAS HELLSTE LICHT

Ich bin das Licht für die Welt.
Johannes 8, 12

Was ist das hellste Licht, das du dir vorstellen kannst? Scheinwerferlichter sind sehr hell. Sie können weite Flächen erhellen. Aber kannst du dir ein Licht vorstellen, das hell genug ist, um die ganze Welt auf einmal zu erhellen? Jesus hat seinen Nachfolgern gesagt, dass er das Licht der Welt ist. Er ist allen Menschen ein helles Licht und zeigt ihnen den Weg zum wahren Leben. Gottes Liebe ist so stark und so hell, dass sie die ganze Welt erleuchtet. Und wenn Gottes Liebe in dir wohnt, kannst auch du deine kleine Welt aufleuchten lassen!

Jesus ist das Licht der Welt.
Seine Liebe strahlt hell auf unseren Gesichtern.

18. AUGUST

AUF GOTTES STIMME HÖREN

Die Schafe erkennen ihn schon an seiner Stimme. …
Sie folgen ihm, weil sie seine Stimme kennen.
Johannes 10, 3-4

Hast du einen Hund, eine Katze oder ein anderes Haustier? Wenn ja, dann weißt du, dass sie sich an den Klang deiner Stimme gewöhnen können. Manche Tiere wissen sogar allein durch deine Stimme, wo genau du dich im Haus aufhältst. Wenn du Gott finden möchtest, musst du nur auf seine Stimme hören. Du kannst sie hören, wenn du die Bibel liest, in die Kirche gehst, wenn du betest und dich draußen an dem Wind, dem Regen und den Vögeln erfreust. Je mehr du dich darin übst, auf Gottes Stimme zu hören, umso besser wirst du sie erkennen können!

Je mehr du auf Gottes Stimme hörst, umso besser wirst du sie erkennen.

19. AUGUST

DAS GLÜCKLICHSTE LEBEN

Ich aber bringe allen, die zu mir gehören, das Leben – und dies im Überfluss. Johannes 10, 10

Wenn du eine Familie hast, die dich liebt, Freunde, mit denen du spielen kannst, und eine wunderbare Welt, in der du leben kannst, dann kannst du wirklich sehr dankbar sein. Aber keines dieser Dinge wäre von Bedeutung, wenn du nicht Gottes Liebe hättest, die alles überragt. Mit Gott in deinem Herzen hast du das glücklichste Leben, das du dir wünschen kannst. Gott liebt dich, egal, was passiert. Er möchte immer das Beste für dich, und er wird für den Rest deines Lebens für dich sorgen. Ist das nicht wunderbar?

Gott will immer das Beste für mich.
Ich bin so froh, dass er für mich sorgt!

20. AUGUST

SICHER UND GLÜCKLICH

Ich bin der gute Hirte.
Johannes 10, 11

Kleine Schäfchen sind süß, aber sie sind nicht sehr klug. Wenn niemand da ist, der auf sie aufpasst, verirren sie sich, werden ängstlich und geraten in Schwierigkeiten. Deshalb brauchen sie einen Hirten, der ihnen hilft, in Sicherheit zu bleiben und glücklich zu sein. Manchmal sind Menschen ein bisschen wie Schafe. Wir sind unsicher, was wir tun sollen und was wir nicht tun sollen. Wir sind ängstlich, und wir geraten in Schwierigkeiten. Deshalb brauchen wir Jesus. Er ist immer da, um uns zu beschützen und uns den richtigen Weg zu zeigen, den wir gehen sollen.

Jesus, mein Hirte, hilft mir zu tun, was richtig ist.
Ich weiß, dass er mich Tag und Nacht beschützt.

21. AUGUST

FÜR IMMER BEI GOTT

Wer an mich glaubt, der wird leben, selbst wenn er stirbt.
Johannes 11, 25

Wenn du je erlebt hast, dass ein Großpapa, eine Großmama, einer deiner Eltern, eine Schwester oder ein Bruder gestorben ist, dann weißt du, wie sehr es wehtut, wenn jemand, den du lieb hast, nicht mehr da ist. Aber Jesus hat uns ein wundervolles Versprechen gegeben. Er hat gesagt, dass wir wieder leben werden, nachdem wir gestorben sind, wenn wir an ihn glauben. Wir werden nicht für immer auf der Erde leben. Aber wir werden für immer mit Gott im Himmel leben. Und alle jene Menschen, die an Jesus geglaubt haben und früher als wir gestorben sind, werden auch dort sein und glücklich sein, uns wiederzusehen!

Obwohl es mich traurig macht, wenn liebe Menschen fortgehen, bin ich glücklich, sie eines Tages im Himmel wiederzusehen.

22. AUGUST

WENN DU TRAURIG BIST

Jesus weinte.
Johannes 11, 35

Jesus war Gottes Sohn, aber er war auch ein Mensch, der Gefühle hatte, wie du. Als sein guter Freund Lazarus starb, war Jesus sehr, sehr traurig. Er war so traurig, dass er weinte. Obwohl Jesus wusste, dass Lazarus eines Tages im Himmel sein würde, vermisste er seinen Freund und fühlte sich traurig. Wenn du traurig bist, dann bitte Jesus, dass er bei dir ist und dich tröstet. Und denke daran, dass er genau weiß, wie du dich fühlst.

Wenn ich traurig bin, weiß ich, dass Gott mich trösten wird. Er weiß, wie ich mich fühle, und ist immer für mich da.

TEAMWORK

Vertraut Gott, und vertraut mir!
Johannes 14, 1

Wenn du Mitglied eines Teams bist, dann arbeitest du mit allen anderen Teammitgliedern zusammen, damit ihr gemeinsam euer Ziel erreicht. In einem Sportteam spielen alle Spieler zusammen, um das Spiel zu gewinnen. Deine Familie ist eine andere Art von Team. Ob es nun beim Hausputz oder beim Blätterrechen im Hof ist, die Arbeit ist viel schneller gemacht, wenn alle zusammen helfen. Gott, der Vater, und Jesus, sein Sohn, sind auch ein Team. Wenn du zu Gott sprichst, dann sprichst du ebenso zu Jesus. Wenn du Gott bittest, in dein Herz einzukehren, dann wird auch Jesus dort einkehren. Gott, der Vater, und sein Sohn sind das allergrößte Team!

Gott, der Vater, und Jesus, sein Sohn, sind das allergrößte Team. Wenn ich Gott bitte, in mein Herz einzukehren, dann kehrt auch Jesus ein.

24. AUGUST

UNSER HIMMLISCHES ZUHAUSE

Denn im Hause meines Vaters gibt es viele Wohnungen. …
Ich gehe hin, um dort alles für euch vorzubereiten.
Johannes 14, 2

Wenn ihr zu Hause Besuch bekommt, musst du wahrscheinlich alle deine Spielsachen wegräumen und dafür sorgen, dass dein Zimmer schön aufgeräumt ist. Nun kannst du dir Jesus vorstellen, wie er den Himmel für alle seine Freunde vorbereitet. Vielleicht richtet er ein besonderes Plätzchen eigens für dich her, oder er bereitet ein Festessen mit allen deinen Lieblingsspeisen vor. Was immer auch Jesus tut, er sorgt auf jeden Fall dafür, dass der Himmel ein ganz besonderer Ort sein wird – für genau solche Freunde wie dich!

Jesus bereitet den Himmel für alle seine Freunde vor.
Eines Tages werde ich für immer bei ihm sein.

WUNDERBARES ZUHAUSE

Und wenn alles bereit ist, werde ich wiederkommen und euch zu mir holen. Dann werdet auch ihr dort sein, wo ich bin.
Johannes 14, 3

Jesu Freunde hier auf der Erde hatten Jesus sehr lieb. Deshalb waren sie traurig, als er ihnen mitteilte, dass er sie verlassen würde, um in den Himmel zurückzukehren. Aber er sagte ihnen auch, dass sie eines Tages wieder alle zusammen im Himmel sein werden. Das hat uns Jesus auch versprochen.

Wenn du glaubst, dass Jesus Gottes Sohn ist, dann wirst du eines Tages auch in den Himmel gehen. Und du wirst mit Jesus leben. Du wirst mit ihm sprechen, bei ihm sitzen, mit ihm spielen und mit ihm singen. Du wirst für immer mit dem allerbesten Freund, den du je haben kannst, zusammen sein!

Im Himmel werde ich Jesus von Angesicht zu Angesicht sehen. Ich werde immer und ewig mit ihm zusammen sein.

26. AUGUST

FOLGE EINFACH JESUS NACH

Ich bin der Weg, ich bin die Wahrheit, und ich bin das Leben!
Johannes 14, 6

Wenn du dich fragst, wie du in den Himmel kommen kannst, dann ist die Antwort ganz leicht. Du braucht einfach nur Jesus nachzufolgen. Du musst nicht besonders klug oder perfekt sein. Alles, was du tun musst, ist, Jesus darum zu bitten, dass er in dein Herz einkehrt. Wenn du das tust, dann bist du auf dem richtigen Pfad, der in den Himmel führt. Jesus weist dir den Weg. Alles, was wir tun müssen, ist, ihm nachzufolgen.

Es ist ganz leicht, in den Himmel zu kommen.
Wir brauchen einfach nur Jesus nachzufolgen.

27. AUGUST

GOTTES WIRKEN

Was ihr also in meinem Namen erbitten werdet, das werde ich tun.
Johannes 14, 14

Jesus wünscht sich nichts sehnlicher, als dass die Menschen seinen Vater lieben. Darum diente alles, was er hier auf der Erde tat und sagte, dazu, dass wir Gott kennen und lieben lernen. Jesus sagt, dass er alles tun wird, worum wir ihn bitten, wenn uns dies dazu führen wird, dass wir Gott näher kommen. Wenn du betest, dann denke daran, Jesus um solche Dinge zu bitten, die anderen Menschen helfen, Gottes Liebe zu spüren. Bitte ihn darum, dass er dir hilft, liebevoll, geduldig und freundlich zu sein. Und dann mach dich bereit, Gottes Wirken zu beobachten!

Gott wird dir geben, worum du ihn bittest.
Bitte ihn darum, dass er dir hilft, anderen seine Liebe zu zeigen.

28. AUGUST

FÜR EINE KURZE ZEIT

Nein, ich lasse euch nicht als Waisenkinder zurück.
Ich komme wieder zu euch.
Johannes 14, 18

Wenn deine Mama oder dein Papa unterwegs sind, dann ist es normal, dass du ein bisschen ängstlich bist. Als Jesus seinen Freunden mitteilte, dass er für eine Weile fortgehen würde, wurden sie auch ängstlich. Aber er versprach ihnen, dass er wieder bei ihnen sein wird. Heute gibt er uns das gleiche Versprechen. Selbst wenn wir nicht mehr sehen können, wie Jesus auf der Erde umherläuft, wissen wir dennoch, dass er bei uns ist. Und wir werden ihn eines Tages im Himmel sehen.

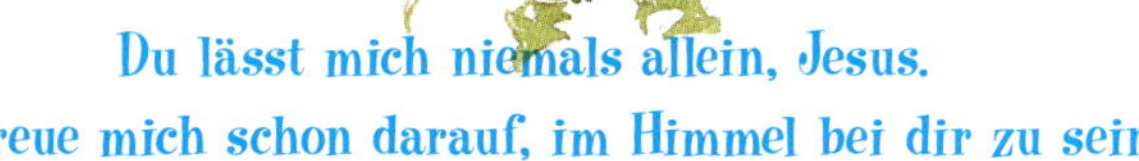

Du lässt mich niemals allein, Jesus.
Ich freue mich schon darauf, im Himmel bei dir zu sein!

29. AUGUST

DER FRIEDE, DEN JESUS GIBT

Es ist mein Friede, den ich euch gebe; ein Friede, den sonst keiner geben kann. Seid deshalb ohne Sorge und Furcht!
Johannes 14, 27

Wenn alles ruhig und friedlich ist, dann scheint es, als ob dich nichts aus der Ruhe bringen könnte. Aber manchmal genügt schon ein Bruder, der dich ärgert, oder eine wilde Schwester, um dieses friedvolle Gefühl im Nu verschwinden zu lassen. Der Friede, den Jesus schenkt, macht dich sicher, ruhig und glücklich – alles zugleich. Du kannst diesen Frieden sogar dann spüren, wenn dich dein Bruder ärgert oder wenn dein Tag nicht so gut verläuft. Es ist ein Friede, der immer und ewig andauert.

Der Friede, den Jesus gibt, verschwindet niemals. Egal, was passiert, er ist immer da!

30. AUGUST

SÜSSE FRÜCHTE

Gott wird dadurch verherrlicht, dass ihr viel Frucht bringt und ihr euch so als meine wirklichen Jünger erweist.
Johannes 15, 8

Wie kannst du einen Apfelbaum von einem Birnbaum unterscheiden? An seinen Früchten. Obstbäume sehen ziemlich ähnlich aus, bis sie Früchte tragen. Aber als Jesus sagte, dass wir Früchte tragen sollen, meinte er damit nicht, dass wir Orangen aus unseren Ohren wachsen lassen sollen! Er wollte damit sagen, dass die Menschen an den Dingen, die wir tun und die wir sagen, erkennen werden, dass wir seine Nachfolger sind. Unsere Früchte sind Liebe und Freundlichkeit und Geduld. Wenn wir Jesus lieb haben und nach seinem Willen leben, werden die Menschen unsere „Früchte" sehen und wissen, dass wir Gottes Kinder sind.

Friede, Liebe und Freundlichkeit sind die Früchte, die ich trage. Wenn die Menschen mich sehen, wissen sie, dass ich Gottes Kind bin!

LIEBE UND GEHORSAM

Wenn ihr meinen Geboten gehorcht, bleibt euch meine Liebe erhalten. ...
Das alles sage ich euch, damit meine Freude euch ganz erfüllt.
Johannes 15, 10-11

Auf welche Weise kannst du Menschen zeigen, dass du sie lieb hast? Umarmst du sie und gibst ihnen einen Kuss? Oder lässt du sie mit deinem Lieblingsspielzeug spielen? Oder hältst du ihnen einen Platz am Tisch frei? Alle diese Dinge sind hervorragende Wege, um jemandem zu zeigen, dass du ihn lieb hast. Du kannst Jesus auch deine Liebe zeigen – aber auf eine andere Art. Du kannst ihn zwar nicht wirklich umarmen, aber du kannst das tun, was er möchte. Du kannst auf deine Mama und deinen Papa hören, oder du kannst einen traurigen Freund trösten. Wenn du Jesus gehorsam bist, dann ist das die schönste „Umarmung", die du ihm geben kannst.

Weil ich Jesus lieb habe, möchte ich ihm gehorsam sein. Ich will jeden Tag tun, was er von mir erwartet.

September

1. SEPTEMBER

WEN HAST DU LIEB?

Und so lautet mein Gebot: Ihr sollt einander so lieben,
wie ich euch geliebt habe.
Johannes 15, 12

Jesus möchte, dass wir einander lieb haben. Aber das bedeutet nicht, dass wir einfach sagen: „Ich hab dich lieb." Jesus möchte, dass wir uns auch tatsächlich so verhalten wie er, wenn wir andere lieben. Wie sieht diese Art von Liebe aus? Als Jesus auf der Erde lebte, liebte er Menschen, die freundlich waren, und solche, die nicht so nett waren. Er liebte Menschen, die sehr schön aussahen, und Menschen, die nicht so schön aussahen. Er liebte reiche Leute und arme Leute. Jesus liebt dich einfach, weil du du bist. Und er möchte, dass du andere genauso liebst.

Jesus hat alle Menschen lieb, ohne Ausnahme.
Ich möchte auch alle Menschen lieb haben, genauso wie er.

VON FREUDE ERFÜLLT

Bittet ihn, und er wird es euch geben.
Dann wird eure Freude vollkommen sein.
Johannes 16, 24

Was sollst du beten? Wenn du dir nicht sicher bist, dann bitte Gott, dass er anderen hilft, Jesu Liebe in dir zu sehen. Das ist ein Gebet, das Gott immer beantworten wird. Gott kann dir dabei helfen, anderen seine Liebe, seine Fürsorge und seine Freundlichkeit zu zeigen, selbst wenn dir gar nicht danach zu Mute ist. Wenn du andere freundlich behandelst, wirst du mit einer wundervollen Freude erfüllt werden. Du wirst dich so wunderbar fühlen, dass du es gar nicht für dich behalten kannst. Du wirst deine Freude mit jedem, der in deiner Nähe ist, teilen wollen!

Wenn ich Gottes Liebe an andere weitergebe, wird mich Gott mit einer wundervollen Freude erfüllen.

3. SEPTEMBER

BEULEN UND BLAUE FLECKEN

Vertraut darauf: Ich habe die Welt besiegt.
Johannes 16, 33

Hattest du schon einmal so richtig große Angst? Zum Beispiel als es draußen kräftig blitzte und donnerte? Oder als du von deinem Fahrrad gefallen bist und dein Knie geblutet hat? Manchmal beschert dir das Leben Beulen und blaue Flecken. Aber Jesus steht dir bei. Er schenkt dir den Mut, durch diese schmerzvollen Zeiten hindurchzugehen. Warum? Weil er größer und stärker ist als alles auf der Welt. Und er behält stets sein Auge über dir!

Beulen und blaue Flecken gehören auch zum Leben.
Aber Jesus wird immer da sein und auf mich aufpassen!

WARM UND WUNDERBAR

Du zeigst mir den Weg, der zum Leben führt.
Du beschenkst mich mit Freude, denn du bist bei mir.
Apostelgeschichte 2, 28

Es gibt wahrscheinlich kein schöneres Gefühl auf der Welt, als mit jemandem zusammen zu sein, den du so richtig lieb hast. Wie zum Beispiel wenn du und dein Papa einen wundervollen Nachmittag draußen auf dem Spielplatz verbringen. Oder wenn sich deine Mama noch ein bisschen mehr Zeit nimmt, um mit dir zu kuscheln, bevor du ins Bett gehst. Gibt dir das nicht tief innen drin ein ganz warmes und wunderbares Gefühl? Genauso fühlt es sich an, wenn du Zeit mit Gott verbringst. Und das Beste bei alledem ist, dass Gott immer da ist!

Lieber Gott, es ist wunderbar, mit dir zusammen zu sein.
Du bist immer bei mir, egal, was ich gerade tue.

5. SEPTEMBER

EIN LIEBEVOLLER KÖNIG

Nur Jesus kann den Menschen Rettung bringen.
Nichts und niemand sonst auf der ganzen Welt rettet sie.
Apostelgeschichte 4, 12

Damals zur Zeit der Bibel gab es viele verschiedene Könige, die über viele verschiedene Länder regierten. Wenn einer dieser Könige wünschte, dass jemand bestraft werden sollte, dann wurde diese Person bestraft. Aber Jesus ist ein ganz anderer König. Er ist ein liebevoller König, der sich wünscht, dass wir glücklich sind. Und er weiß, dass der beste Weg, glücklich zu sein, der ist, immer bei ihm zu sein. Jesus ist der einzige König, der die Macht besitzt, uns einzuladen, mit ihm im Himmel zu leben. Was für ein wundervoller König!

Jesus ist unser Herr, unser Retter, und unser König.
Ihn wollen wir lieben, und ihm wollen wir gehorsam sein!

MUTIGE WORTE

Herr, … Hilf allen, die an dich glauben,
deine Botschaft ohne Angst weiterzusagen.
Apostelgeschichte 4, 29

Weißt du, was Mut bedeutet? Mut bedeutet, etwas voller Überzeugung zu sagen oder zu tun, von dem du weißt, dass es die Wahrheit ist. Aber es ist schwer, mutig zu sein, wenn du Angst davor hast, was andere sagen oder tun könnten. Was, wenn sie über dich lachen oder sich über dich lustig machen? Aus diesem Grund baten Jesu Nachfolger Gott darum, dass er ihnen helfen sollte, damit sie mutig über Jesus sprechen könnten. Sie wollten, dass jeder von Gottes Liebe erfuhr.

Lieber Gott, schenke mir Mut für alles, was ich tue und sage. Du nimmst meine Angst weg, wenn ich von dir spreche!

GOTTES SUPERMARKT

… denn er hat euch viel Gutes getan. Ihm verdankt ihr den Regen und die guten Ernten; er gibt euch zu essen und schenkt euch Freude.
Apostelgeschichte 14, 17

Gehst du gern in einen Supermarkt? Es macht Spaß, den Einkaufswagen durch die Reihen zu schieben und die besten Bananen herauszupicken, nicht wahr? Aber die vielen leckeren Dinge, die du isst, kommen nicht einfach aus dem Laden. Kartoffeln und Salat und Getreide wachsen auf dem Feld. Äpfel und Birnen wachsen auf Bäumen in einem Obstgarten. Und Gott ist derjenige, der viel Regen und Sonnenschein schickt, damit alles wachsen und gedeihen kann. Die Erde ist Gottes Lebensmittelgeschäft – gefüllt mit vielen guten Sachen!

Gott gibt mir viele gute Dinge zum Essen. Die Erde ist gefüllt mit allen möglichen Leckerbissen!

MEHR ALS EIN FREUND

Durch ihn allein leben und existieren wir.
Apostelgeschichte 17, 28

Gott tut so viele wundervolle Dinge für uns – er ist ein perfekter Freund. Aber er ist noch so viel mehr! Gott ist unser Schöpfer und unser Beschützer. Ohne ihn hätten wir keine Familie und kein Zuhause. Wir wären noch nicht einmal lebendig. Gott möchte, dass wir zu ihm gehören. Wir sind seine Kinder. Er liebt uns mehr, als wir es uns überhaupt vorstellen können!

Ohne Gott wäre mein Leben traurig und einsam.
Deshalb will ich ihm mein Herz geben - voll und ganz!

ERZÄHL ES DER GANZEN WELT

Habe keine Angst! Predige weiter und schweige nicht! Ich bin bei dir.
Apostelgeschichte 18, 9-10

Einer von Jesu Nachfolgern war ein Mann, der Paulus hieß. Nicht jedem gefiel, was Paulus über Jesus sagte, weil nicht jeder glaubte, dass Jesus Gottes Sohn war. Aber Gott sprach in einem Traum zu Paulus und sagte ihm, dass er keine Angst zu haben brauchte. Danach fuhr Paulus fort, so vielen Menschen wie möglich von Gottes Liebe zu erzählen. Auch heute noch haben wir manchmal Angst, über Jesus zu sprechen. Einige Leute könnten sich über uns lustig machen. Aber Gott hat versprochen, dass er uns den Mut geben wird, anderen zu erzählen, wie sehr Jesus sie lieb hat. Warum willst du nicht gleich heute damit beginnen?

Lieber Gott, hilf mir, dass ich mutig bin, wenn ich von dir erzähle.
Ich weiß, dass du immer bei mir bist,
wenn ich anderen von deiner Liebe erzähle.

ANDEREN HELFEN

Ich habe euch in allem gezeigt, dass man …
sich der Schwachen annehmen muss.
Apostelgeschichte 20, 35

Du magst zwar noch klein sein, aber du kannst trotzdem schon viele große Dinge tun, um anderen zu helfen. Du kannst zum Beispiel deinen Eltern helfen, auf deine jüngeren Geschwister aufzupassen. Du kannst älteren Leuten Freude bereiten, indem du sie einmal besuchst. Du kannst dich um deine Haustiere kümmern, und du kannst einen traurigen Freund aufheitern. Wie kannst du heute jemandem helfen?

Ich bin zwar noch klein, aber es gibt eine ganze Menge, was ich tun kann, um anderen Menschen, die mich vielleicht brauchen, zu helfen.

GEBEN UND NEHMEN

Geben macht glücklicher als Nehmen.
Apostelgeschichte 20 ,35

Wir mögen es so gern, Geschenke zu bekommen, so dass wir manchmal gar nicht mehr daran denken, wie viel Spaß es macht, anderen Geschenke zu machen. Wenn du jemandem ein Geschenk machst, das du extra für diese Person ausgesucht hast, dann sagst du dieser Person, wie sehr du sie lieb hast. Du sagst ihr, dass du gerne an sie denkst und dich an sie erinnerst. Du musst kein Geld ausgeben, um jemandem solch ein Geschenk zu machen. Eine Umarmung, eine Karte, die du selbst gebastelt hast, oder sogar ein Lächeln kann jemandem schon das Gefühl geben, etwas Besonderes zu sein.

Ich mache anderen gern Geschenke, um ihnen zu zeigen, wie wertvoll sie mir sind. Gott gibt mir so viel, dass ich gar nicht anders kann, als zu teilen.

SICHER AUF SEE

Ich vertraue Gott. Es wird sich erfüllen, was er mir gesagt hat.
Apostelgeschichte 27, 25

Erinnerst du dich an Paulus, der Angst hatte, über Jesus zu sprechen? Mit der Hilfe Gottes brauchte Paulus nicht sehr lange, bis er jede Menge Mut bekam. Dieser Vers stammt von einer Geschichte, in der Paulus auf einem Boot war, das in einen Sturm geriet. Die anderen Menschen auf dem Boot hatten Angst. Sie glaubten, dass die Wellen das Boot zum Sinken bringen könnten und dass sie umkommen würden. Aber Paulus wusste, dass Gott sie beschützen würde, weil er es versprochen hatte. Paulus lernte, Gott sein Leben anzuvertrauen. Und das kannst du auch.

Ich kann Gott vertrauen, dass er immer auf mich aufpasst, genauso wie er auf Paulus aufgepasst hat, als er auf See war.

13. SEPTEMBER

OHNE ZWEIFEL

Deine Worte, Gott, werden sich als wahr erweisen.
Römer 3, 4

Wenn du älter wirst, beginnst du dich vielleicht zu fragen, ob das, was die Bibel sagt, tatsächlich wahr ist. Vielleicht fragst du dich, ob dich Gott wirklich so sehr liebt, wie es in der Bibel steht. Oder du fragst dich, ob er sich wirklich immer um dich kümmern wird. Paulus, der diese Worte schrieb, machte die Erfahrung, dass Gottes Wort immer wahr und richtig war. Und wenn die Bibel sagt, dass Gottes Wort wahr ist, dann weißt du, dass du es glauben kannst.

Wenn ich jemals daran zweifle, ob Gott wirklich da ist, brauche ich nur an seine Liebe und seine Fürsorge zu denken.

14. SEPTEMBER

IMMER WIEDER

Wer nun zu Christus gehört,
wird der Verurteilung durch Gott entgehen; er wird leben.
Römer 8, 1

Wolltest du schon einmal deiner kleinen Schwester ein Spielzeug wegnehmen? Oder ein Päckchen Kaugummi aus einem Geschäft stehlen? Es ist nicht leicht, immer das Richtige zu tun – besonders, wenn du unbedingt etwas haben möchtest. Manchmal triffst du vielleicht falsche Entscheidungen, selbst wenn du ganz genau weißt, was du eigentlich tun solltest. Aber wenn du einen Fehler gemacht hast, kannst du Jesus darum bitten, dass er dir vergibt. Und weißt du, was? Er wird dir deine Fehler hundertprozentig vergeben. Nicht nur einmal, sondern immer und immer wieder, weil er dich so unendlich liebt.

Jesus vergibt mir immer wieder, wenn ich etwas Böses tue.
Er hat mich immer lieb, egal, welche Entscheidung ich treffe.

15. SEPTEMBER

GOTT SCHENKT FRIEDEN

Gottes Geist aber schenkt uns Frieden und Leben.
Römer 8, 6

Stell dir vor, du spielst mit deinen Freunden ein Spiel. Bei diesem Spiel geht es darum, dass ihr alle freundlich zueinander seid. Ihr kommt der Reihe nach dran, teilt eure Spielsachen miteinander und sagt euch nur freundliche Worte. Niemand darf gemein zu einem anderen sein, auch nicht für eine Sekunde. Dieses Spiel hört sich großartig an, nicht wahr? Wenn wir Gottes Geist in unser Herz einlassen, sind wir so glücklich, dass wir zu allen Menschen freundlich sein möchten. Denke nur, wie es wäre, wenn jeder so fühlen und handeln würde. Die Welt wäre ein wunderbarer Ort!

Lieber Gott, danke, dass du mein Herz mit deinem Geist erfüllst. Diese Botschaft ist so wohltuend, dass ich sie nicht für mich behalten kann!

GESUND UND GLÜCKLICH

Wir … warten voller Sehnsucht darauf, dass Gott uns als seine Kinder zu sich nimmt und auch unseren Leib von aller Vergänglichkeit befreit.
Römer 8, 23

Wenn du jemals in einem Krankenhaus gewesen bist, dann weißt du, dass Krankenhäuser voll sind mit kranken Menschen. Obwohl die Menschen heutzutage gesünder sind und länger leben als die Menschen vor vielen Jahren, werden wir alle immer wieder mal krank. Aber im Himmel wird es ganz anders sein. Dort gibt es keine Krankenhäuser, weil es dort gar keine Krankheit gibt! Im Himmel werden alle gesund und glücklich sein.

Wenn wir im Himmel sind, wird es uns nie wieder schlecht gehen. Wir werden nie krank sein, und wir werden niemals traurig sein.

17. SEPTEMBER

ALLES DIENT ZUM GUTEN

Das eine aber wissen wir: Wer Gott liebt, dem dient alles, aber auch wirklich alles zu seinem Heil.
Römer 8, 28

Jeder hat einmal gute und schlechte Tage. An einem Tag sagt dir vielleicht ein Freund etwas, das dir wehtut. An einem anderen Tag freundest du dich vielleicht mit einem neuen Freund an. Egal, was für einen Tag du hast, du kannst sicher sein, dass Jesus sich nicht einfach zurücklehnt und dir zusieht. Er hilft dir, dass du bei allen Dingen, die dir begegnen, etwas lernst und du daran wächst – an den guten wie an den schlechten Dingen.

Auch wenn vielleicht Dinge geschehen, die mich traurig machen, weiß ich, dass Jesus mir hilft, daran zu wachsen und trotzdem froh zu sein.

18. SEPTEMBER

GOTT IST AN DEINER SEITE

Wenn Gott für uns ist, wer kann dann gegen uns sein?
Römer 8, 31

Wenn deine Nase läuft und du Husten und Fieber hast, musst du wahrscheinlich im Bett bleiben und ruhen. Dort magst du dich nach einer Weile etwas einsam fühlen, besonders wenn du deine Freunde draußen ohne dich spielen siehst. Vielleicht hast du auch mit dir selbst Mitleid. Aber die Bibel sagt, dass Gott immer an deiner Seite ist, selbst wenn du das Gefühl hast, dass alles gegen dich gerichtet ist. Daran kannst du denken, während du dich von deiner Grippe erholst. Und bevor du dich umsiehst, geht es dir schon besser!

Auch wenn ich mit Halsschmerzen und einem schweren Kopf im Bett liege, ist Gott immer noch an meiner Seite.

MEHR ALS EINE EROBERUNG

Wir werden über das alles triumphieren, weil Christus uns so geliebt hat.
Römer 8, 37

Weißt du, was es bedeutet, etwas zu „erobern"? Es bedeutet zu gewinnen – nicht nur ein wenig, sondern eine ganze Menge! Wenn du einmal etwas erobert hast, kannst du nie mehr geschlagen werden. In der Bibel steht, dass Gott uns hilft, alles zu erobern, was uns im Leben begegnet. Vielleicht werden uns schlechte Zeiten nicht erspart bleiben, aber sie können uns nicht erschlagen. Sie können uns nicht daran hindern, die großen Dinge zu erleben, die Gott uns versprochen hat.

Mit Gott an meiner Seite kann ich alles erobern!
Nichts auf der Welt kann mich zu Fall bringen.

GOTT HAT MICH IMMER LIEB

Weder Himmel noch Hölle oder sonst irgendetwas können uns von der Liebe Gottes trennen, die er uns in Jesus Christus, unserem Herrn, bewiesen hat.
Römer 8, 38

Nach all der Liebe, die Gott seinem Volk über Tausende von Jahren gezeigt hat, glaubst du, dass Gott irgendetwas zwischen ihn und uns kommen lassen würde? Auf keinen Fall! Nichts, was du tust, kann Gott davon abhalten, dich lieb zu haben. Selbst wenn du etwas Böses über jemanden sagst, hat Gott dich immer noch lieb. Selbst wenn du lügst und sagst, dass du nicht den letzten Lutscher genommen hast, dann weiß Gott zwar, was du getan hast, aber er hat dich trotzdem lieb. Du brauchst nie Angst zu haben, mit ihm zu sprechen, selbst dann nicht, wenn du falsche Entscheidungen getroffen hast. Wie die Bibel sagt: Nichts kann dich von seiner Liebe trennen!

Nichts, was ich tue, und nichts, was ich sage, kann mich von der Liebe Gottes trennen.

GOTTES FAMILIE

Nehmt nicht die Forderungen dieser Welt zum Maßstab, sondern ändert euch, indem ihr euch an Gottes Maßstäben orientiert.
Römer 12 ,2

Gibt es bei deinen Großeltern immer deinen Lieblingsnachtisch, wenn du sie besuchst? Oder wird bei euch in der Familie nach dem Mittagessen immer eine Geschichte erzählt? Jede Familie hat ihre eigenen besonderen Gewohnheiten. Das trifft auch auf Gottes Familie zu. Wenn wir zu Gottes Familie gehören, wollen wir freundlich und liebevoll sein. Wir versuchen, geduldig und behutsam miteinander umzugehen. Wie kannst du heute zeigen, dass du zu Gottes Familie gehörst?

Wenn du zu Gottes Familie gehörst, gibt es viel zu tun. Wie zum Beispiel zu anderen freundlich und liebevoll zu sein.

MEINE BESONDERE GABE

Gott hat jedem von uns durch seinen Heiligen Geist unterschiedliche Gaben geschenkt.
Römer 12, 6

Hast du dich schon einmal gefragt, was dich eigentlich so besonders macht? Gott sagt, dass er jedem Einzelnen von uns eine besondere Gabe geschenkt hat. Vielleicht hat Gott dich zu einer besonders freundlichen Person gemacht, die anderen Menschen viel Freude schenken kann. Vielleicht hat er dich als eine ruhige Person geschaffen, damit du ein guter Zuhörer sein kannst. Wenn du nicht weißt, welche besondere Gabe Gott dir gegeben hat, dann frag deine Mama oder deinen Papa oder deine Großeltern.

Welche Gabe Gott mir auch geschenkt hat, ich möchte andere damit glücklich machen!

GOTTES PLAN

Seid fröhlich in der Hoffnung darauf, dass Gott seine Zusagen erfüllt.
Römer 12, 12

Wenn Gott dich ansieht, weißt du, was er dann sieht? Er sieht dich jetzt in diesem Augenblick, und er weiß auch, was in deiner Zukunft geschehen wird. Du weißt nicht, was mit dir sein wird, wenn du einmal erwachsen bist, aber Gott weiß es. Er hat gute Pläne für dich. Wenn du ihm nachfolgst und so lebst, wie er es möchte, dann wird Gott dir seine Pläne mit dir zeigen. Er wird dir helfen, den richtigen Weg für dein Leben zu finden, und er wird dich in die Richtung führen, in die du gehen sollst. Was immer auch Gott für dich geplant hat, du kannst sicher sein, dass es großartig sein wird!

Ich möchte Gott nachfolgen - er hat große Pläne für mich. Ich kann es kaum abwarten zu wissen, welches seine Pläne für mich sind!

24. SEPTEMBER

HALTE AUSSCHAU!

Helft anderen Christen, die in Not geraten sind, und seid gastfreundlich!
Römer 12, 13

Wenn du hören würdest, dass jemand um Hilfe ruft, würdest du wahrscheinlich schnell dort hinlaufen, um zu sehen, was los ist. Aber manchmal rufen Leute auf eine Weise um Hilfe, die wir nicht hören können. Eine Person, die traurig ist, sitzt vielleicht nur still in einer Ecke. Eine Person, die hungrig ist, wartet vielleicht darauf, dass ihr jemand etwas zu essen anbietet. Wenn wir anderen Menschen Aufmerksamkeit schenken, können wir viele Wege finden, wie wir helfen können. Wir können mit der traurigen Person reden, die allein in der Ecke sitzt. Wir können unser Essen mit jemandem teilen, der gar nichts zu essen hat. Wenn du anderen helfen möchtest, musst du nur deine Augen offen halten.

Ich halte meine Augen offen, um anderen Menschen zu helfen. Es gibt viele Möglichkeiten, wie ich anderen helfen kann.

25. SEPTEMBER

MEHR ALS EIN WORT

Denn wer seinen Mitmenschen liebt, tut ihm nichts Böses.
Römer 13, 10

Viele Menschen sprechen über Liebe. Aber was bedeutet Liebe eigentlich? Liebe ist mehr, als sich nur gut zu fühlen oder freundlich zu sein. Liebe bedeutet, ernsthaft darüber nachzudenken, was andere brauchen. Es bedeutet, freundlich zu sein, selbst wenn andere nicht freundlich zu dir sind. Liebe bedeutet, das Richtige zu tun, selbst wenn es schwierig ist. Jesus zeigte uns eine sehr besondere Art von Liebe, als er auf die Erde kam, um mit uns zu leben. Er war immer freundlich und geduldig. Er kümmerte sich immer um die Menschen, denen er begegnete, egal, wer sie waren oder wie sie waren. Willst du auch andere so liebhaben?

Jesus liebte alle Menschen, denen er begegnete.
Ich möchte andere auch so lieben, wie Jesus es getan hat.

DU BIST STARK

Es fehlt euch keine der Gaben, die Gottes Geist den Glaubenden schenkt.
1. Korinther 1, 7

Du weißt, dass Gott das mächtigste Wesen des ganzen Universums ist. Aber wusstest du auch, dass er seine Kraft mir dir teilen will? Du kannst zwar nicht wie Gott Sterne und Planeten machen, aber du kannst so handeln, wie Jesus es getan hat. Gott hat dir ein Herz und einen Verstand geschenkt, die dir helfen können, gute Entscheidungen zu treffen. Er hat dich mit Liebe erfüllt, die du mit anderen teilen kannst. Und er hat dir Jesus gegeben, damit du seinen Worten und Taten folgen kannst. Bitte Gott, dass er dir die Kraft gibt, mit ihm zu leben. Und dann beobachte, was geschehen wird!

Gott kann mir die Kraft geben, mit ihm zu leben.
Ich kann andere lieben und Jesu Beispiel folgen.

ÜBERRASCHUNGSPARTY

Was kein Auge jemals sah, was kein Ohr jemals hörte und was sich kein Mensch vorstellen kann, das hält Gott für die bereit, die ihn lieben.
1. Korinther 2, 9

Wenn Leute eine Überraschungsparty planen, überlegen sie, was das Geburtstagskind gerne isst, welche Freunde sie einladen sollen und welche Dekoration hübsch wäre. Sie machen alle möglichen Pläne, um das Geburtstagskind liebevoll zu überraschen. Nun, Gott hat auch eine großartige Überraschungsparty für uns im Himmel geplant. Wir wissen nicht, wie wir aussehen, was wir anhaben oder was wir essen werden. Aber es wird besser sein als alles, was wir uns je vorstellen können. Warum? Weil Gott es kaum abwarten kann, uns zu zeigen, wie sehr er uns lieb hat!

Wenn ich in den Himmel komme, wartet eine Überraschungsparty auf mich. Ich kann es kaum erwarten zu sehen, was Gott alles für mich vorbereitet hat!

28. SEPTEMBER

FREUE DICH HEUTE!

Die Gegenwart wie die Zukunft – alles gehört euch!
1. Korinther 3, 22

Wenn du zu viel über die Zukunft nachdenkst, könnte dir entgehen, wie viele gute Dinge Gott uns jeden einzelnen Tag schenkt. Selbst wenn dir ein Tag nicht besonders außergewöhnlich erscheint, so ist er dennoch ein besonderes Geschenk von Gott. Es mag dir überhaupt nicht aufregend erscheinen, Wasser vom Wasserhahn tropfen zu hören, einem Marienkäfer mit den Augen zu folgen, wie er über den Hof fliegt, oder am Strand zu spielen. Aber dieses Wasser, dieser Marienkäfer und dieser Sand sind alles Geschenke Gottes. Und du kannst dich mit vollem Herzen an ihnen erfreuen!

Jeder Tag ist ein Geschenk Gottes.
Es gibt so viele Dinge, die ich heute tun und sehen kann.

29. SEPTEMBER

WIEDER AUF DEM RECHTEN PFAD

Wenn euer Glaube auf die Probe gestellt wird, schafft Gott auch die Möglichkeit, sie zu bestehen.
1. Korinther 10, 13

Wenn du dich versucht fühlst, etwas zu tun, von dem du genau weißt, dass es nicht richtig ist, dann verspricht Gott, dass er dir helfen will, wieder auf den richtigen Weg zu kommen. Wenn dich ein Freund bittet, dass du zu einem anderen Freund gemein bist, dann will dir Gott helfen, Nein zu sagen. Wenn dir dein Bruder sagt, dass du jemanden anlügen sollst, dann will dir Gott helfen, ehrlich zu sein. Du kannst immer zu Gott gehen, wenn du dich versucht fühlst, etwas Verkehrtes zu tun. Er will dir helfen, das Richtige zu tun.

Wenn ich in Schwierigkeiten gerate und vom rechten Weg abkomme, dann hilft mir Gott - ich brauche ihn nur darum zu bitten.

30. SEPTEMBER

GABEN VON GOTT

So verschieden die Gaben auch sind, die Gott uns gibt,
sie stammen alle von ein und demselben Geist.
1. Korinther 12,4

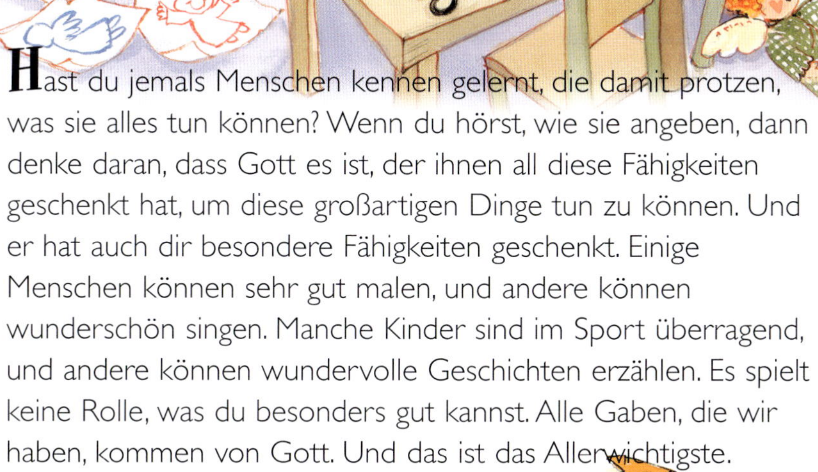

Hast du jemals Menschen kennen gelernt, die damit protzen, was sie alles tun können? Wenn du hörst, wie sie angeben, dann denke daran, dass Gott es ist, der ihnen all diese Fähigkeiten geschenkt hat, um diese großartigen Dinge tun zu können. Und er hat auch dir besondere Fähigkeiten geschenkt. Einige Menschen können sehr gut malen, und andere können wunderschön singen. Manche Kinder sind im Sport überragend, und andere können wundervolle Geschichten erzählen. Es spielt keine Rolle, was du besonders gut kannst. Alle Gaben, die wir haben, kommen von Gott. Und das ist das Allerwichtigste.

Gott hat uns allen besondere Gaben geschenkt.
Alle Gaben, die wir haben, kommen von Gott.

Oktober

WARTEN

Liebe ist geduldig.
1. Korinther 13, 4

Wirst du manchmal ungeduldig, wenn du warten musst, bist du an der Reihe bist? Manchmal musst du in einer Schlange anstehen, um bei einem Fußballspiel eine Portion Pommes zu bekommen, obwohl du wirklich großen Hunger hast. Oder du musst auf deinen Bruder warten, bis er mit dem Rollerfahren fertig ist, damit du auch eine Runde fahren kannst. Warten ist nicht leicht. Du kannst wirklich missmutig werden. Aber die Bibel sagt, dass wir anderen Menschen unsere Liebe zeigen können, wenn wir geduldig warten. Wenn du also das nächste Mal warten musst, dann sing ein Lied, sprich ein Gebet oder denke einfach an diesen Vers. Und dann wirst du schneller an der Reihe sein, als du denkst!

Manchmal ist es schwer zu warten, bis ich endlich an der Reihe bin. Aber Gott möchte, dass ich lerne, geduldig zu sein.

ETWAS NETTES FÜR ANDERE TUN

Liebe ist freundlich.
1. Korinther 13, 4

Hat jemand schon einmal etwas Nettes für dich getan? Vielleicht hat dir dein Bruder erlaubt, mit seinem Lieblingsspielzeugauto zu spielen. Oder ein Freund hat ein Bild für dich gemalt, als du krank warst. Etwas Nettes für jemanden zu tun ist eine Art, wie wir anderen zeigen können, dass sie etwas Besonderes sind. Wenn du also einen Menschen lieb hast und möchtest, dass er oder sie das weiß, dann tu etwas Nettes für diese Person. Decke den Tisch für deine Mutti. Schnüre deiner kleinen Schwester die Schuhe zu. Umarme deinen Papa. Wenn du anderen zeigst, dass du sie lieb hast, wirst du ebenso glücklich sein!

Wenn ich etwas Nettes für jemanden tue, zeige ich ihm meine Liebe.

DER BESTE FREUND

Liebe ist nicht verletzend noch auf sich selbst bedacht,
weder reizbar noch nachtragend. *1. Korinther 13, 5*

Mit was für Freunden bist du gern zusammen? Die Antwort ist nicht schwer – mit solchen, die ihre Kekse mit dir teilen und die dich auf ihrem Fahrrad fahren lassen. Es ist schwierig, ein Freund von jemandem zu sein, der immer will, dass alles nach seiner Nase geht. Ein guter Freund denkt zuerst an die anderen. Wenn deine Freundin also Lust hat, mit Puppen zu spielen, während du lieber Verkleiden spielen würdest, dann könnt ihr zuerst Puppen und dann Verkleiden spielen. Wenn du im Kindergarten neben der Kindergärtnerin sitzen möchtest, wenn sie eine Geschichte vorliest, und jemand anderes ist vor dir bei ihr, dann zieh kein langes Gesicht. Sei ein Freund, der anderen auch einmal den Vortritt gibt und der mit anderen teilt. Wenn du solch ein Freund bist, wirst du immer eine Menge Freunde haben.

Es muss nicht immer alles nach meiner Nase gehen. Ich will beim Spielen zuerst darauf achten, was die anderen gern tun wollen.

EINE STARKE ERMUTIGUNG

Liebe glaubt alles, sie hofft alles und hält allem stand.
1. Korinther 13, 7

Was sagen deine Mama und dein Papa, wenn du etwas Neues lernst? Vielleicht sagen sie „Viel Glück!", oder „Du wirst es schaffen!" Ihre Worte helfen dir vielleicht nicht herauszufinden, wie du deine Schuhe schneller zuschnüren oder wie du den Fußball besser kicken kannst, aber sie helfen dir sehr, zuversichtlich zu sein. Wenn du einen Menschen lieb hast, kannst du ihm dies zeigen, indem du zu ihm stehst und ihn ermutigst. Wenn dein bester Freund versucht zu lesen oder deine kleine Schwester lernt, ihren Mantel zuzuknöpfen, dann mach ihnen Mut!

Wenn ich jemanden lieb habe und glaube, dass er etwas tun kann, will ich ihn ermutigen und ihm helfen, sein Ziel zu erreichen.

5. OKTOBER

ZUALLERERST KOMMT DIE LIEBE

Lasst die Liebe euer höchstes Ziel sein!
1. Korinther 14, 1

Hast du schon Pläne für morgen? Vielleicht willst du mit deinem Freund Fangen spielen? Oder über das krachende Herbstlaub laufen? Oder dein Lieblingsvideo angucken? Was auch immer du morgen tust, tu es mit Liebe. Von allen Dingen, die du jeden einzelnen Tag tust, ist das Wichtigste, dass du andere lieb hast. Wenn du also Fangen spielst, dann sei nett zu deinen Freunden. Wenn du über die Blätter läufst, dann sag deinem Bruder, dass er mitkommen soll. Wenn du dein Video anguckst, dann kuschle dich an deine Mama. Dann wird dieser Tag für jeden großartig werden!

Was auch immer du tust, tu es mit Liebe.
Das ist Gottes größtes Gebot.

6. OKTOBER

EIN NEUES LEBEN

Alle, die Christus nachfolgen,
werden durch ihn zu neuem Leben auferweckt.
1. Korinther 15, 22

Wenn jemand, den du lieb hast, stirbt, dann bist du traurig, weil du ihn sehr vermisst. Aber wenn wir an Jesus glauben, dann bedeutet der Tod für uns nicht das Ende. Eines Tages werden wir uns wieder im Himmel sehen. Auch wenn du dich jetzt traurig fühlst, musst du nicht für immer Lebewohl sagen. Du wirst dieser Person, die du jetzt vermisst, eines Tages in den Himmel nachfolgen – wo es keine Traurigkeit oder Schmerz oder Tränen gibt. Und dann kannst du diese Person wieder voller Freude begrüßen. Ist das nicht wunderschön?

Im Himmel gibt es ein Wiedersehen mit allen Menschen, die Gott so richtig liebhaben.

EIN WUNDERBARER ORT!

Begraben wird unser irdischer Leib; aber auferstehen werden wir mit einem Leib, der von göttlichem Leben erfüllt ist.
1. Korinther 15, 44

Kennst du jemanden, der in einem Rollstuhl sitzt oder der schlecht sieht oder hört? Unser Körper tut nicht immer das, was wir gerne hätten, zumindest nicht hier auf der Erde. Aber wenn wir Gott lieb haben, werden wir eines Tages mit ihm im Himmel leben, und wir werden einen Körper haben, der perfekt funktioniert. Stell dir vor, wie es sein wird, niemals mehr krank oder verletzt zu sein, dir niemals einen Knochen zu brechen oder einen Arm zu prellen. Im Himmel werden sogar Leute rennen, die jetzt nicht einmal laufen können. Es wird ein wunderbarer Ort sein!

Im Himmel werden wir alle sehr glücklich sein.
Im Himmel werden wir einen Körper haben, der perfekt funktioniert.

JESUS IST DIE ANTWORT

... denn alle Zusagen Gottes haben sich in ihm erfüllt.
2. Korinther 1, 20

Gott hat im Alten Testament viele Verheißungen gemacht. Gott versprach Noah, der die Arche gebaut hat, dass er den Menschen immer vergeben würde, wenn sie ihn darum bitten würden, und dass er sie niemals mehr mit einer Flut bestrafen würde. Gott versprach König David, dass jemand aus seiner Familie Israel für immer regieren würde. Und weißt du, was? Diese Verheißung wurde wahr, als Jesus, Gottes Sohn, auf die Erde kam. Er war der König, den Gott versprochen hatte. Und was das Beste bei alledem ist: Jesus kam auf die Erde, um uns Gottes Vergebung zu bringen. Jesus ist das allergrößte Zeichen für Gottes Liebe!

Gott hat uns allen wunderbare Verheißungen gemacht.
Jesus ist das allergrößte Zeichen für Gottes Liebe!

EIN KIND GOTTES

Er drückte uns sein Siegel auf, wir sind sein Eigentum geworden, und er hat uns seinen Heiligen Geist gegeben. Damit haben wir die Garantie von Gott, dass er uns noch viel mehr schenken wird.
2. Korinther 1, 22

Hast du jemals deinen Namen auf etwas geschrieben, was dir gehört – nur um sicher zu sein, dass kein anderer es nimmt? Genau das tut Gott für uns, wenn wir ihm sagen, dass wir ihn lieb haben. Weil er uns so lieb hat, nennt er uns seine Kinder. Und er sendet uns seinen Geist, damit er in jedem von uns wohnt. Indem wir die Menschen um uns herum lieben, können wir jeden wissen lassen, dass wir zu Gott gehören.

Ich bin ein Kind Gottes, zu ihm gehöre ich.
Ich werde es den Menschen zeigen, indem ich sie liebe.

NICHT SO GLÜCKLICHE TAGE

Was wir jetzt leiden müssen, dauert nicht lange und ist leicht zu ertragen, wenn wir bedenken, welch unendliche, unvorstellbare Herrlichkeit uns erwartet.
2. Korinther 4, 17

An den meisten Tagen, an denen du aufwachst, bist du zufrieden und glücklich. Aber es gibt hin und wieder auch solche Tage, die von Anfang an verkehrt laufen. Vielleicht kannst du deinen Lieblingspulli nicht finden oder du bekommst Kakao zum Frühstück, obwohl du eigentlich mehr Appetit auf Apfelsaft gehabt hättest. Oder vielleicht ist deine Schwester sauer auf dich, weil du mit ihren Spielsachen spielst, und niemand hat Zeit, dir eine Geschichte vorzulesen. An solchen Tagen kannst du daran denken Gott hat versprochen, dass im Himmel jeder Tag perfekt ist. Und du brauchst dir niemals mehr Sorgen um verschwundene Pullis oder ein nicht so gutes Frühstück machen.

Auf der Erde gibt es gute und schlechte Tage, aber im Himmel wird es nichts geben, was mich traurig macht.

11. OKTOBER

NEUE KLEIDER

Voll Verlangen sehnen wir uns danach, den neuen Leib anzuziehen wie ein Kleid, ohne dass wir vorher sterben müssen.
2. Korinther 5, 2

Du wirst mit der Zeit immer größer und stärker. Bevor du dich umsiehst, bist du aus allen deinen Kleidern herausgewachsen. Plötzlich ist es so weit, dass dich deine Mama zum Einkaufen mitnimmt, um dir ein paar nagelneue Kleider zu kaufen. Neue Kleider sind etwas Großartiges – sie können dir das Gefühl geben, selbst auch nagelneu zu sein! In der Bibel steht, dass unser Körper ein bisschen wie Kleidung ist. Wenn unsere Zeit auf dieser Erde vorüber ist, wird unser Körper wie alte Kleidung sein, aus der wir herausgewachsen sind. Und wenn wir in den Himmel kommen, werden wir ein neues Kleid anziehen – unseren nagelneuen, himmlischen Körper!

Im Himmel wird alles vollkommen sein, ich kann es kaum erwarten. Ich werde dort einen neuen Körper haben, und das Leben dort wird wunderbar sein!

GEBEN BRINGT FREUDE

Denn Gott liebt den, der fröhlich und bereitwillig gibt.
2. Korinther 9, 7

Bestimmt freust du dich, wenn du ein Geschenk bekommst. Du strahlst über das ganze Gesicht, wenn du das bunte Geschenkpapier siehst und die große Schleife, die darum gewickelt ist. Und du fragst dich, was sich wohl dahinter verbirgt. Und dann öffnest du dein Geschenk schließlich. Was für eine große Freude! Aber wusstest du, dass es genauso viel Spaß machen kann, selber Geschenke zu machen? Wenn du jemandem ein besonderes Geschenk machst, dann gib es ihm mit Freude. Dein Geschenk braucht noch nicht einmal eingepackt zu sein. Es kann sogar so etwas Einfaches wie eine Umarmung oder ein Lächeln sein.

Wenn du Geschenke mit freudigem Herzen machst, kannst du Gottes große Liebe zeigen.

GENUG ZUM TEILEN

Er wird euch alles schenken, was ihr braucht, ja mehr als das. So werdet ihr nicht nur selbst genug haben, sondern auch noch den anderen Gutes tun können. 2. Korinther 9, 8

Bestimmt hast du mehr als nur ein Spielzeug. Wenn du zwischendurch etwas naschst, bekommst du dann mehr als ein Plätzchen oder einen Apfel? Gott wird immer dafür sorgen, dass wir alles haben, was wir brauchen, wie zum Beispiel ein warmes Plätzchen zum Schlafen oder Kleider zum Anziehen. Wenn dich also jemand darum bittet, dass du die Dinge, die du hast, mit einem anderen teilst, dann brauchst du dir keine Sorgen darüber zu machen, dass für dich nicht genug übrig bleiben könnte. Gott hat versprochen, dass du immer alles haben wirst, was du brauchst.

Ich werde immer genug von allem haben, um es mit anderen teilen zu können.

GOTTES KRAFT IN DIR

Gerade wenn du schwach bist,
kann sich meine Kraft an dir besonders zeigen.
2. Korinther 12 ,9

Hast du schon einmal ein Kind beobachtet, das sich mutig gegeben hat oder das immer geprahlt hat, um bei anderen einen guten Eindruck zu erwecken? Du magst vielleicht denken, dass du mutig oder stark oder perfekt sein musst, um andere Menschen beeindrucken zu können. Aber Gott sagt, dass es nichts ausmacht, schwach zu sein. Gott sagt, dass seine Kraft am besten an den Menschen sichtbar wird, die ihn am meisten brauchen. Deshalb brauchen wir uns niemals um etwas Sorgen zu machen, was wir nicht wirklich sind. Wir können ganz wir selbst sein und Gott vertrauen, dass er seine Kraft an uns zeigen wird.

**Ich brauche Gott, dafür muss ich mich nicht schämen.
Ganz im Gegenteil: So wird seine Kraft am besten sichtbar!**

15. OKTOBER

EINE GROSSE, GLÜCKLICHE FAMILIE

Denn durch den Glauben an Jesus Christus seid ihr nun alle zu Kindern Gottes geworden.
Galater 3, 26

Wenn du einen Bruder oder eine Schwester hast, dann weißt du, dass es eine Menge Spaß bedeutet, jemanden in der Familie zu haben, mit dem du spielen, lachen und Geheimnisse teilen kannst. Aber wusstest du auch, dass jeder, der Gott lieb hat, ebenso dein Bruder oder deine Schwester ist? Das bedeutet, dass du Brüder und Schwestern in China, in Afrika, in Indien und in Südamerika hast! Gott liebt alle seine Kinder und möchte, dass wir einander lieb haben. Ist es nicht wunderbar, in der ganzen Welt eine Familie zu haben?

Ich habe nicht nur bei mir zu Hause Brüder und Schwestern. Meine Familie ist überall, wohin ich auch gehe.

GOTT UNSERE LIEBE ZEIGEN

Bei Jesus Christus gilt allein der Glaube, der sich in selbstloser Liebe zeigt.
Galater 5,6

Die Menschen zeigen auf viele unterschiedliche Arten, dass sie Gott lieb haben. Manche mögen es lieber, allein für sich zu sein und still über Gott nachzudenken. Andere treffen sich lieber mit Freunden und Familienmitgliedern, um ihm gemeinsam Lieder zu singen. Andere wiederum lesen gern besondere Gebete aus Gebetsbüchern. Und wieder andere lieben es, Gott alles zu erzählen, was sie gerade beschäftigt. Es gibt keinen richtigen oder falschen Weg, um Gott zu zeigen, dass du ihn lieb hast. Alles, was zählt, ist, dass du es tust!

Wir haben alle Gott auf unsere besondere Weise lieb, und das können wir ihm an jedem Tag zeigen.

17. OKTOBER

GUTE FRÜCHTE TRAGEN

Dagegen bringt der Heilige Geist in unserem Leben nur Gutes hervor: Liebe und Freude, Frieden und Geduld, Freundlichkeit, Güte und Treue, Besonnenheit und Selbstbeherrschung.
Galater 5,22

Wenn Gottes Geist in unserem Herzen lebt, dann wird sich Gottes Liebe in unserem Leben zeigen. Genauso wie die Frucht, die an einem Baum wächst, dir sagt, was für eine Art von Baum er ist, zeigt die gute „Frucht" in deinem Leben den Menschen, was du für ein Mensch bist. Wenn du liebevoll, freundlich und geduldig bist, dann zeigst du den Menschen, dass du zu Gottes Familie gehörst. Und vielleicht wollen dann auch andere Menschen zu Gott gehören, weil sie die „guten Früchte" in deinem Leben sehen.

Lieber Gott, lass mich gute „Früchte" tragen, damit andere sehen können, dass dein Geist in mir wohnt.

18. OKTOBER

FREUNDE IN NOT

Kümmert euch um die Schwierigkeiten und Probleme des anderen, und tragt die Last gemeinsam.

Galater 6,2

Wenn ihr ein Spiel spielt und jemand verletzt sich, dann hört ihr mit dem Spielen auf und versucht, dem Verletzten zu helfen, nicht wahr? Nun, manchmal sind Menschen innerlich verletzt. Diese innerlichen Verletzungen zeigen sich in den Tränen oder dem traurigen Gesicht deines Freundes. Wenn einer deiner Freunde verletzt ist, äußerlich oder innerlich, dann kannst du ihm deine Liebe zeigen, indem du ihm hilfst. Wenn deine Freundin traurig ist, dann umarme sie. Wenn dein Freund von anderen geärgert wird, dann steh zu ihm. Was immer du auch tust, um deinen Freunden zu helfen, du zeigst ihnen, dass du dich um ihre Probleme kümmerst – genauso, wie es in diesem Vers steht.

Wenn jemand Hilfe braucht, kann ich ihm zeigen, dass ich mich um ihn kümmere, ob ich ihn nun umarme oder einfach nur bei ihm bin.

19. OKTOBER

GUT GEMACHT!

Darum soll jeder sein eigenes Leben sehr genau überprüfen. Dann wird er nämlich erkennen, wie unberechtigt es ist, sich über andere zu erheben.
Galater 6,4

Wenn du klein bist, scheint es so, als ob jeder alles besser machen kann als du. Deine älteren Freunde können Fahrrad fahren, während du noch Stützräder brauchst. Dein älterer Bruder kann seinen Namen schreiben, während du noch Hilfe dazu brauchst. Selbst wenn du nicht alles tun kannst, was ältere Kinder tun können, versuche dennoch, dein Allerbestes zu geben bei den Dingen, die du tun kannst. Und bevor du dich umsiehst, wirst du groß genug sein, um auch all die anderen Dingen tun zu können!

Ich kann zwar noch nicht alle Dinge tun, aber bei den Dingen, die ich tun kann, will ich mein Allerbestes geben.

20. OKTOBER

SÄEN UND ERNTEN

Ihr werdet genau das ernten, was ihr gesät habt!
Galater 6,7

Wenn du in deinem Garten die Samen von Gänseblümchen aussäst, was denkst du, wird dann wachsen? Gänseblümchen natürlich! Die Bibel sagt uns, dass in unserem Leen das wachsen wird, was wir in unserem Herzen säen. Wenn du also dein Herz mit bösen Gedanken oder schlechten Gefühlen füllst, wird es schwierig für dich, die freundliche, liebevolle Person zu sein, die Gott sich wünscht. Aber wenn du Gott dein Herz mit seiner Liebe und Fürsorge füllen lässt, wirst du in der Lage sein, anderen Liebe und Fürsorge zu zeigen. Lass Gott gute Dinge in dein Herz pflanzen und beobachte, was dann wachsen wird!

Mein Herz ist gefüllt mit Gottes großer Liebe und Fürsorge, deshalb kann ich meinen Freunden überall Liebe zeigen.

ÜBERRASCHUNG!

Lasst also nicht nach in euerm Bemühen, Gutes zu tun.
Galater 6,9

Hast du jemals deine Mama oder deinen Papa überrascht, indem du den Mittagstisch gedeckt hast, ohne dass du darum gebeten wurdest? Oder hast du schon einmal deinen großen Bruder überrascht, indem du den Müll hinausgetragen hast, so dass er länger schlafen konnte? Anderen etwas Gutes zu tun bereitet viel Freude – besonders, wenn du noch mehr tust, als man von dir erwartet. Aber manchmal ist es schwer, etwas Gutes zu tun, wenn du selbst müde oder nicht so gut aufgelegt bist. Aber gerade in solchen Zeiten ist es gut, anderen etwas Gutes zu tun, weil dies dazu führen wird, dass du dich auch besser fühlen wirst!

Es macht Spaß, aus heiterem Himmel etwas Gutes zu tun, besonders, wenn es niemand erwartet!

ALLES, WAS DU BRAUCHST

Gott hat uns mit seinem Geist reich beschenkt, und durch Christus haben wir Zugang zu Gottes himmlischer Welt erhalten.
Epheser 1, 8

Wem gehört alles, was in deinem Haus ist? Deiner Mama oder deinem Papa? Obwohl sie wahrscheinlich die meisten Dinge, die du hast, gekauft haben, geben sie dir dennoch von dem Essen, das sie kaufen, und lassen dich in dem Haus wohnen, für das sie bezahlt haben. Sie teilen die Dinge, die sie besitzen, mit dir, weil du ihr Kind bist und sie dich lieb haben. Nun, Gott teilt alles mit dir, was er besitzt – sogar solch großartige Dinge wie die wunderschöne Welt, die er gemacht hat – nur, weil du sein Kind bist! Er gibt dir alles, was du brauchst, weil du zu seiner himmlischen Familie gehörst.

Gott teilt alle Wunder des Himmels mit mir. Er lässt seine ganze Familie an all den großartigen Dingen teilhaben.

23. OKTOBER

AM BESTEN FÜR DICH

Dazu hatte Gott, der alles nach seinem Plan und Willen ausführt, uns von Anfang an bestimmt.
Epheser 1, 11

Deine Mama und dein Papa kennen dich ziemlich gut. Sie wissen, was dich glücklich macht, und sie wissen, was dich traurig macht. Aber Gott kennt dich sogar noch besser. Er weiß alles, was in deinem Herzen vor sich geht. Er weiß sogar Dinge über dich, die du selbst nicht weißt, wie zum Beispiel was du brauchst, damit du dich wohl fühlst und glücklich bist. Das ist der Grund, warum es so wichtig ist, Gott zu vertrauen. Er wird immer für dich sorgen, dein ganzes Leben lang. Selbst wenn du nicht weißt, was du willst oder was du brauchst – Gott weiß es. Und er wird dafür sorgen, dass du immer das hast, was am besten für dich ist.

Gott weiß, was ich tief in meinem Innern fühle. Er wusste von Anfang an, was das Beste für mich ist.

24. OKTOBER

JESU LIEBE IST MÄCHTIG

Denn nur so könnt ihr mit allen anderen Christen das ganze Ausmaß dieser Liebe erfahren, die wir doch mit unserem Verstand niemals fassen können. Dann wird diese göttliche Liebe euch immer mehr erfüllen.

Epheser 3, 18-19

Wusstest du, dass die Liebe Jesu so mächtig ist, dass sie unser Leben wirklich wertvoll macht? Es stimmt, dass viele Menschen ohne Jesus leben. Aber denke nur, was sie alles verpassen! Sie wissen nicht, dass Jesus sie immer liebt, egal, was passiert, dass er alles über sie weiß und dass er ihnen vergibt, wenn sie etwas Verkehrtes tun. Aber mit Jesus in deinem Herzen ist dein Leben voller wunderbarer Dinge, wie zum Beispiel Frieden und Freude und Fröhlichkeit.

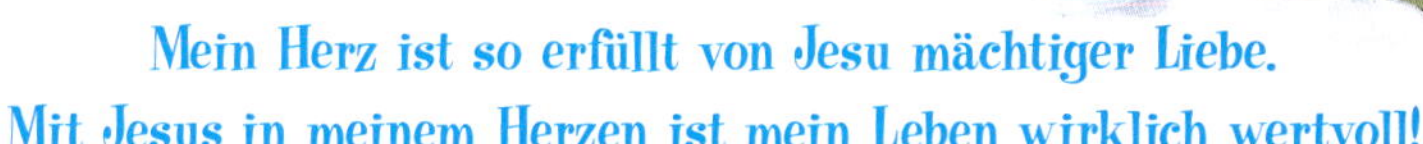

Mein Herz ist so erfüllt von Jesu mächtiger Liebe.
Mit Jesus in meinem Herzen ist mein Leben wirklich wertvoll!

25. OKTOBER

MEHR ALS WIR UNS VORSTELLEN KÖNNEN!

Gott aber kann viel mehr tun, als wir von ihm erbitten oder uns auch nur vorstellen können. So groß ist seine Kraft, die in uns wirkt.
Epheser 3, 20

Kannst du dir irgendetwas vorstellen, das Gott nicht tun kann? Kann er Berge versetzen? Kann er einen Sturm zum Stillstand bringen? Kann er den Ozean in zwei Hälften teilen? Die Bibel sagt, dass Gott alle diese Dinge tun kann und sogar noch mehr. Es ist nicht einfach für uns Menschen zu verstehen, wie mächtig Gott ist. Aber wir können darauf vertrauen, dass Gott seine Kraft immer dazu benutzen wird, um uns zu helfen. Er kann Dinge tun, die wir uns nicht einmal vorstellen können. Es gibt nichts, was er nicht tun kann!

Wenn Gott Berge versetzen kann und sogar noch mehr, kann ich mir gar nicht vorstellen, was er nicht tun könnte!

26. OKTOBER

FREUNDE GEWINNEN

Seid freundlich und geduldig, gebt andere nicht so schnell auf und dient einander in selbstloser Liebe!
Epheser 4, 2

Wenn du so wie die meisten Kinder bist, dann suchst du dir Freunde aus, mit denen es Spaß macht, zusammen zu sein, die die gleichen Dinge mögen, die du magst, und die nett zu dir sind. So schön es auch ist, gute Freunde zu haben, umso besser ist es, ein guter Freund zu sein. Wenn du nett und freundlich zu anderen bist, werden sie es sehr mögen, deine Freunde zu sein. Und wenn du deine Freunde einfach so magst, wie sie sind, dann werden sie lange Zeit deine Freunde bleiben.

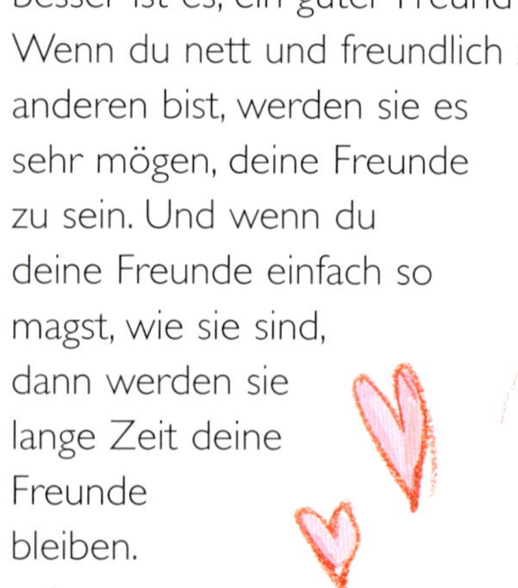

Einen Freund zu haben ist wundervoll, ein Freund zu sein ist sogar noch besser!

27. OKTOBER

EINANDER VERGEBEN

Seid vielmehr freundlich und barmherzig, immer bereit, einander zu vergeben, so wie Gott euch durch Christus vergeben hat.
Epheser 4, 32

Warst du schon einmal so wütend auf jemanden, dass du am liebsten laut geschrien hättest? Wenn deine Schwester das Bild zerreißt, an dem du den ganzen Nachmittag gesessen hast, oder wenn dein kleiner Bruder dein Lieblingsspielzeug kaputtmacht, dann ist es nicht schwer, sehr, sehr wütend zu werden! Aber Gott möchte, dass wir unseren Geschwistern und Freunden und Eltern vergeben – selbst dann, wenn sie uns wütend gemacht haben. Gott vergibt uns jedes Mal, wenn wir einen Fehler machen. Wir müssen ihn einfach nur darum bitten. Und er möchte, dass wir mit anderen das Gleiche tun. Wenn du das nächste Mal auf jemanden wütend bist, dann bitte Gott, dass er dir hilft, diesem Menschen zu vergeben.

Lieber Gott, hilf mir, meiner Familie und meinen Freunden zu vergeben. Schenk mir Freundlichkeit und schenk mir Liebe, die niemals aufhört.

28. OKTOBER

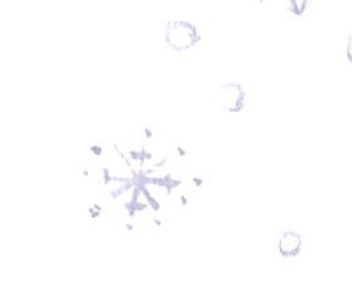

„DANKE, LIEBER GOTT!“

Dankt Gott, dem Vater, zu jeder Zeit, überall und für alles!
Epheser 5, 20

Gibt es etwas, das du besonders gern magst? Vielleicht Schneeflocken? Oder spielst du gern mit Luftballons oder stapfst gern mitten durch einen Blätterhaufen oder knabberst gern Chips? Alle Dinge, die du gern hast, sind ein Geschenk von Gott. Von den flockigen Wolken im Himmel bis zu der nährstoffreichen, dunklen Erde. Gott gibt dir viele wundervolle Dinge, an denen du dich erfreuen kannst. Das nächste Mal, wenn du eines deiner Lieblingsgeschenke genießt, vergiss nicht zu sagen: „Danke, lieber Gott!“

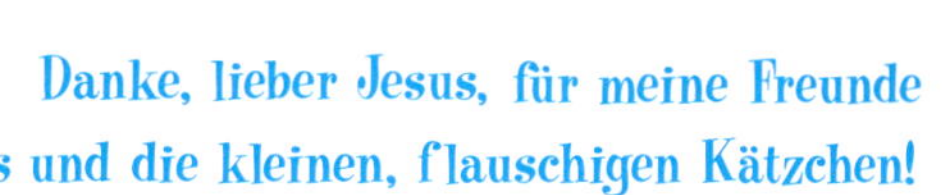

Danke, lieber Jesus, für meine Freunde und die Luftballons und die kleinen, flauschigen Kätzchen!

29. OKTOBER

GOTT SIEHT ES

Er wird euch den Lohn geben, den ihr verdient.
Epheser 6, 8

Manchmal tust du etwas Nettes, und niemand bemerkt es. Du machst vielleicht dein Bett, aber deine Mama oder dein Papa sehen es gar nicht. Oder vielleicht malst du einen Schmetterling für deinen Freund, und er sagt noch nicht einmal Dankeschön! Aber auch wenn andere die guten Dinge, die du tust, nicht bemerken – Gott sieht sie! Und er bewahrt im Himmel eine wundervolle Belohnung für dich auf.

Wenn ich etwas Gutes tue, dann weiß ich, dass Gott es sieht. Meine Belohnung wartet schon im Himmel auf mich.

30. OKTOBER

FREUNDE SIND ETWAS BESONDERES

Immer bin ich Gott dankbar, wenn ich an euch denke.
Philipper 1, 3

Hast du einen besonderen Freund, bei dem du dich immer wohl fühlst? Vielleicht ist es deine Großmama oder dein Nachbar oder ein Freund aus der Schule. Wenn du mit deinem Freund zusammen bist oder wenn du einfach nur daran denkst, wie sehr du diese Person lieb hast, dann sprich ein kleines Dankgebet. Und dann teile dieser Person auch mit, wie sehr du sie wertschätzt! Ein besonderer Freund ist eine der schönsten Gaben, die Gott dir geben kann.

Ich habe meine Freunde lieb, und ich will es ihnen sagen. Ich will es auch Gott mitteilen und ihm für meine Freunde danken.

NOCH NICHT VOLLENDET

Deshalb bin ich auch ganz sicher, dass Gott sein Werk, das er bei euch durch den Glauben begonnen hat, zu Ende führen wird, bis zu dem Tag, an dem Jesus Christus wiederkommt.
Philipper 1, 6

Es braucht Zeit, um etwas wirklich Besonderes zu Stande zu bringen. Wenn du ein schönes Bild malst oder eine Festung baust, dann musst du viel Zeit aufwenden, damit es genau so wird, wie du es haben möchtest. Nun, für Gott bist du eine wundervolle Schöpfung. Er hat auch eine Menge Zeit aufgebracht, um dich genau richtig zu erschaffen, und er ist noch nicht fertig. Gott hilft dir jeden Tag, etwas Neues zu lernen. Und er hilft dir, ihm immer näher zu kommen.

Ich weiß, dass ich noch nicht vollendet bin. Gott arbeitet an mir und hilft mir, ihm näher zu kommen.

November

DIE KRAFT, GOTT ZU GEFALLEN

Deshalb lebt nun auch in Ehrfurcht vor Gott und in ganzer Hingabe an ihn. Er selbst bewirkt ja beides in euch: den guten Willen und die Kraft, ihn auch auszuführen.
Philipper 2,12-13

Wenn du daran denkst, Gott gehorsam zu sein, dann denkst du vielleicht, dass es einfach zu viele Regeln gibt. Vielleicht denkst du auch, dass du möglicherweise nicht so gut sein kannst, wie Gott es von dir erwartet. Aber Gott erwartet gar nicht, dass du allein aus deiner eigenen Kraft gut und gehorsam bist. Zuallererst legt Gott tief in dein Herz die starke Sehnsucht, dass du das tun willst, was ihm gefällt. Und dann gibt er dir all die Kraft, die du brauchst, um ihn zu lieben und ihm gehorsam zu sein. Mit seiner einzigartigen Hilfe kannst du gar nicht verlieren!

**Gott arbeitet tief in meinem Inneren.
Er gibt mir all die Kraft, die ich brauche, um ihm zu gefallen!**

DANKE, LIEBER GOTT!

Ihr dürft Gott um alles bitten. Sagt ihm, was euch fehlt, und dankt ihm!
Philipper 4,6

Gott liebt es, wenn du ihm sagst, was du brauchst. Aber er liebt es auch, wenn du ihm Danke sagst für all die Dinge, die er für dich tut. Wenn du mit Gott sprichst, dann fang an, ihm von deinem Tag zu erzählen. Sag ihm, was dich geärgert hat und was großartig war. Sag ihm, wo du gern hättest, dass er dir hilft. Aber sag ihm auch, wie sehr du all die guten Dinge magst, die er dir gibt, wie zum Beispiel den Sonnenschein und deine Eltern und deine Freunde. Vergiss nicht, ihm zu danken!

Gott liebt es, all die Dinge anzuhören, die dir auf dem Herzen liegen, aber vergiss auch nicht, ihm Danke zu sagen, wenn du mit ihm sprichst.

3. NOVEMBER

REZEPT FÜR EIN GLÜCKLICHES HERZ

Orientiert euch an dem, was wahrhaftig, gut und gerecht, was anständig, liebenswert und schön ist.
Philipper 4,8

Wenn du Essig, Rosinen, Erde, Oliven, altes Brot und saure Sahne vermischst, was bekommst du dann? Ein riesengroßes Durcheinander! Und ganz bestimmt nicht Schokoladenkekse! Es spielt eine bedeutende Rolle, welche Dinge du zusammenmixt. Dasselbe gilt dafür, was du in deinen Verstand und in dein Herz füllst. Wenn du also möchtest, dass dein Herz und dein Verstand mit guten Dingen gefüllt werden, dann musst du dort auch Gutes hineinlegen. Anstatt an Furcht erregende oder böse oder traurige Dinge zu denken, denke an all die wundervollen Dinge, die Gott dir gegeben hat, und seine große Liebe, die er für dich empfindet. Das ist ein Rezept für ein glückliches Herz!

Gute und ehrliche Gedanken zu denken macht dein und mein Herz glücklich!

LERNEN UND UMSETZEN

Richtet euch nach dem, was ich euch gelehrt habe.
Philipper 4,9

Die Dinge, die du in der Bibel lernst, sind alle wunderschön, aber sie gewinnen erst dann tatsächlich an Bedeutung, wenn du das, was du gelernt hast, auch in die Tat umsetzt. Wenn Gott also sagt, dass du deinen Nächsten lieben sollst, dann geh hinaus und hilf einem Freund. Wenn Gott sagt, dass du deinen Eltern gehorsam sein sollst, dann erledige deine Aufgaben mit einem Lächeln auf dem Gesicht. Wenn Gott sagt, dass du zu anderen freundlich sein sollst, dann teile deine Spielsachen mit deinen Geschwistern. All die wertvollen Dinge, die Gott uns lehrt, sind dazu gedacht, in die Tat umgesetzt zu werden. Auf geht's!

Wenn ich tue, was Gott sagt,
zeige ich anderen Menschen seine Liebe.

STARK IN GOTT

Das alles kann ich durch Christus, der mir Kraft und Stärke gibt.
Philipper 4,13

Gott hat
Mose und Abraham und David
und Jona und vielen anderen Menschen in
der Bibel geholfen. Das Alte Testament ist voller aufregender Geschichten von ihnen. Egal, in welchen Schwierigkeiten sie auch steckten, Gott war immer an ihrer Seite. Er gab ihnen die Kraft, die sie brauchten, um Kriege zu führen und ganze Nationen zu erretten. Und er wird auch dir all die Kraft geben, die du brauchst. Du kannst Gott ganz vertrauen. Er hat seinen Kindern immer geholfen und tut es auch heute noch.

Mose hat Gott vertraut, und das kann ich auch.
Genauso wie Mose weiß auch ich, dass Gott immer für mich da ist.

MEHR ALS DU BRAUCHST

Aus seinem Reichtum wird euch Gott …
alles geben, was ihr zum Leben braucht.
Philipper 4,19

Wenn die Bibel davon spricht, dass Gott Reichtümer besitzt, bedeutet das nicht, dass er viel Geld hat. Es bedeutet, dass er reich an Liebe und Kraft ist – und er gebraucht seine Liebe und seine Kraft dazu, um jedem von uns genau das zu geben, was er braucht. Er wird dir vielleicht kein Pony und keinen Swimming-Pool geben, aber er wird dich mit Menschen umgeben, die sich um dich kümmern. Er wird dir das Versprechen seiner ewigen Liebe und Vergebung geben. Wenn Gott sich darum kümmert, was du brauchst, wirst du dich ebenso reich fühlen!

Gott ist reich an Liebe und reich an Kraft -
er versorgt mich jeden Tag mit allem, was ich brauche.

7. NOVEMBER

JESUS VERSTEHT DICH

Christus ist das Abbild seines Vaters; in ihm wird der unsichtbare Gott für uns sichtbar. Vor Beginn der Schöpfung war er da. Durch ihn ist alles erschaffen … und nur durch ihn besteht alles.
Kolosser 1,15-17

Als Jesus auf der Erde lebte, war er nicht nur ein wirklich netter Mann, der die Menschen lieb hatte. Er war – und das ist er immer noch – Gottes Sohn. Jesus war Gott in einem menschlichen Körper. Er war ein Mensch, der wusste, wie es ist, ein Kind zu sein, ein Teenager und ein Erwachsener. Durch Jesus wissen wir, dass Gott die Welt und die Menschen versteht.

Jesus lebte als Mensch auf der Erde, er war ein Mensch wie wir. Er weiß genau, wie das Leben auf der Erde sein kann!

KEINEN GROLL HEGEN

Streitet nicht miteinander, und seid bereit, einander zu vergeben, selbst wenn ihr glaubt, im Recht zu sein.
Kolosser 3,13

Weißt du, was Groll bedeutet? Es bedeutet, negative Gefühle in deinem Herzen zu tragen, weil dich jemand nicht nett behandelt hat. Wenn eine Freundin dir dein Spielzeug wegnimmt und du zwei Wochen später immer noch sauer auf sie bist, dann hegst du Groll gegen sie. Gott möchte nicht, dass du Groll hegst, sondern dass du denen vergibst, die dich verletzt haben. Wenn du das tust, ist Gott glücklich – und du wirst es auch sein. Du wirst dich sooo viel besser fühlen, wenn du keinen Groll mehr hegst!

Ich möchte keinen Groll hegen - Groll führt zu nichts; stattdessen will ich vergeben - und alle werden glücklich sein.

9. NOVEMBER

WARUM GEHORSAM SEIN?

Ihr Kinder, seid euern Eltern in allen Dingen gehorsam.
Kolosser 3,20

Gott möchte, dass du deinen Eltern gehorsam bist, selbst dann, wenn du keine Lust dazu hast. Manchmal bitten sie dich, dass du dich anziehst, aber du würdest viel lieber spielen. Oder sie sagen dir, dass du dein Mittagessen essen sollst, aber du willst nur den Nachtisch essen. Gott hat dir Eltern geschenkt, damit du gesund und glücklich aufwachsen kannst. Wenn dich deine Eltern bitten, etwas zu tun – oder etwas nicht zu tun –, dann möchte Gott, dass du ihnen gehorsam bist. Sie geben Acht auf dich, genau so, wie Gott es von ihnen möchte.

Meine Eltern geben Acht auf mich, wie Gott es möchte.
Ich will versuchen, ihnen zu gehorchen.

10. NOVEMBER

MEIN BESTES GEBEN

Denkt bei allem daran, dass ihr für Gott
und nicht für die Menschen arbeitet.
Kolosser 3,23

Wenn du dein Zimmer aufräumen musst, hast du dann schon einmal deine Sachen einfach unters Bett geschoben, anstatt sie wegzuräumen? Obwohl ein ordentliches Zimmer nicht das Wichtigste auf der Welt ist, möchte Gott, dass du bei allem, was du tust, dein Allerbestes gibst. Selbst wenn du manche Dinge nicht perfekt tust, wirst du dann in deinem Herzen wissen, dass du dein Bestes gegeben hast. Und das ist alles, worum Gott und deine Eltern dich bitten.

Egal, was ich tue, ich will immer mein Bestes geben.
Und Gott wird das Restliche tun.

11. NOVEMBER

EIN GUTES VORBILD

Ich bitte euch darum, all die Leute besonders zu achten und anzuerkennen, die sich für euch einsetzen, die eure Gemeinde leiten und euch vor falschen Wegen bewahren wollen. Für ihre Mühe sollt ihr sie lieben und ihnen dankbar sein.

1. Thessalonicher 5, 12-13

Liebt es deine Großmutter, jeden Tag mit Gott zu sprechen? Ist deine ältere Schwester immer freundlich zu anderen? Menschen, die für Gott leben und seine Liebe anderen zeigen, helfen jedem von uns, das Gleiche zu tun. Wenn du willig bist, von ihnen zu lernen und ihrem Beispiel zu folgen, werden sie dir helfen, Gott näher zu kommen. Und wer weiß? Vielleicht folgt jemand ebenso deinem Beispiel!

Lieber Gott, danke für die Menschen, von denen ich etwas lernen kann. Sie helfen mir, dir immer näher zu kommen.

EINANDER GUTES TUN

Keiner von euch soll Böses mit Bösem vergelten, vielmehr sollt ihr euch bemühen, Gutes zu tun; und zwar untereinander wie auch allen anderen Menschen gegenüber.
1. Thessalonicher 5, 15

Wenn jemand deine Gefühle verletzt, dann ist es natürlich, dass du ihn auch verletzen willst. Aber das Ergebnis sind dann lediglich zwei verletzte Menschen. Anstatt jemanden zu verletzen, der dich verletzt hat, versuche, etwas Nettes für diesen Menschen zu tun, wie zum Beispiel ihm eine Seite deines Malbuchs zu geben oder ihn zu fragen, ob er mit dir Fangen spielen möchte. Und du wirst überrascht sein, wie gut es tut, „Gutes zu tun"!

Wenn jemand versucht, mich zu verletzen oder mit mir zu streiten, will ich lieber versuchen, zu diesem Menschen nett zu sein.

AUF „DANKESJAGD“ GEHEN

*Vergesst auch nicht, Gott für alles zu danken.
Denn das erwartet Gott von seinen Kindern.
1. Thessalonicher 5, 18*

Wenn du dein Lieblingsstofftier verloren hast, dann wäre es ziemlich schwierig, dafür auch noch dankbar zu sein, nicht wahr? Aber die Bibel sagt uns, dass wir für alles dankbar sein sollen, egal, was passiert. Selbst wenn sich etwas Schlimmes ereignet, kann uns Gott helfen zu sehen, wofür wir dankbar sein können. Wie zum Beispiel bei diesem Stofftier. Wenn es nun auch fort ist, könntest du dankbar dafür sein, dass du es für eine kleine Weile hattest. Und du kannst immer dankbar dafür sein, dass Gott bei dir ist und dich tröstet, wenn du traurig bist. Warum gehst du nicht jeden Tag auf eine „Dankesjagd“? Wofür kannst du heute dankbar sein?

Jeden Morgen beginnt ein wundervoller, neuer Tag für mich: Ich kann arbeiten, und ich kann spielen - dafür möchte ich dankbar sein!

EIN HIMMLISCHES KIND

Gott hat euch das ja zugesagt; er ist treu,
und was er verspricht, das hält er auch.
1. Thessalonicher 5, 24

Gott ist so mächtig, dass er alles haben kann, was er möchte. Aber weißt du, was er am allerliebsten haben möchte? Dich! Du bist nicht einfach irgendetwas, das er eines Tages geschaffen hat, als ihm langweilig war. Du bist sein besonderes Kind. Er hat dich so lieb, dass er es kaum erwarten kann, mit dir für immer zusammen zu sein. Deshalb wird er immer sein Versprechen halten, über dir zu wachen, dich zu führen, zu beschützen, dich zu lieben und dir zu vergeben. Das tut ein himmlischer Vater für seine Kinder!

Gott ist mein Vater, mein guter Hirte und mein Freund. Er hat versprochen, dass er immer auf mich aufpasst.

SO WIE DU ES DIR WÜNSCHST

… dass es nicht bei euerm guten Willen bleibt, sondern dass ihr diesen Willen auch in die Tat umsetzt. Alles, was ihr im Glauben begonnen habt, sollt ihr durch Gottes Kraft auch vollenden.
2. Thessalonicher 1, 11

Was macht dich so richtig froh? Mit deinem Papa eine Pizza zu essen? Oder mit deiner Schwester ein Spiel zu spielen? Und nun denke einmal darüber nach, wie du dich fühlst, wenn du so richtig schlecht aufgelegt bist. Zum Beispiel wenn Schlafenszeit ist, du aber noch gar nicht müde bist. Dann stampfst du mit den Füßen auf den Boden und schreist und weinst laut. Aber du musst trotzdem ins Bett gehen. Es ist viel schöner, froh zu sein, nicht wahr? Das kannst du auch, denn Gott hat versprochen, dir zu helfen, genau so zu sein, wie du es dir wünscht!

Wenn ich tue, was richtig ist, dann bin ich so froh, dass ich genau so sein kann, wie ich es mir wünsche!

EGAL, WIE DAS WETTER IST

Gott ist treu. Er wird euch Mut und Kraft geben
und euch vor allem Bösen bewahren.
2. Thessalonicher 3, 3

Manchmal ist das Wetter einfach perfekt, nicht wahr? Ein klarer blauer Himmel, viel Sonnenschein und eine knackige Herbstluft. Und manchmal ist das Wetter genau das Gegenteil, mit lauten Donnerschlägen, hellen Blitzen, heftigem Regen und Schnee. In manchen Gegenden gibt es sogar Wirbelstürme, Orkane oder Erdbeben. Aber egal, wie Furcht erregend das Wetter erscheinen mag, denke immer daran, dass Gott stärker ist als irgendetwas auf der Welt. Er hat versprochen, dass er dich beschützen will, egal, was passiert!

Ob Sonnenschein und blauer Himmel oder Regen in der Luft,
ich bin so froh, dass Gott mich immer und überall beschützt!

EIN HERZ VOLLER LIEBE

Die Unterweisung in der christlichen Lehre will nur das eine: die Liebe, die aus einem reinen Herzen, einem guten Gewissen und einem unverfälschten Glauben kommt.
1. Timotheus 1, 5

Hast du schon einmal so getan, als wärst du krank, um ein bisschen mehr Aufmerksam zu bekommen? Oder extra geweint, damit du deinen Willen bekommst? Du kannst viele Dinge vortäuschen, aber Liebe kannst du nicht vortäuschen. Liebe ist etwas, das aus deinem Inneren heraussprudelt. Wenn dein Herz voller schlechter Gefühle oder böser Gedanken ist, dann ist es schwierig, Gefühle der Liebe zu haben. Aber wenn dein Herz von Gott erfüllt ist, dann kannst du gar nicht anders, als Liebe aus deinem Herzen strömen zu lassen. Worauf wartest du noch? Lass Liebe aus deinem vollen Herzen strömen!

Mein Herz ist voller Liebe, sie sprudelt aus meinem Inneren. Ich kann gar nicht anders, als sie mit anderen zu teilen.

18. NOVEMBER

GOTT BRAUCHT DICH!

Niemand hat ein Recht, auf dich herabzusehen, weil du noch so jung bist.
1. Timotheus 4, 12

Auch wenn du noch klein bist, kann Gott dennoch große Dinge durch dich bewirken. Er kann deine Freude dazu benutzen, um anderen Menschen zu helfen, auch glücklich zu sein. Er kann dein Staunen über diese schöne Welt dazu benutzen, um Erwachsene daran zu erinnern, wie wundervoll Gottes Schöpfung ist. Und er kann dein sanftes Herz dazu gebrauchen, um Erwachsenen zu zeigen, was echte Liebe ist. Gott hat viele Pläne für dich, und weißt du, was? Sie beginnen jetzt schon, in diesem Augenblick!

Auch wenn ich noch klein bist, gibt es doch viele Dinge, die ich tun kann. Gott kann auch mich gebrauchen!

19. NOVEMBER

GOTTES LIEBE KENNT KEINE ENTFERNUNG

Immer, Tag und Nacht, danke ich Gott, wenn ich für dich bete.
2. Timotheus 1, 3

Wenn jemand, den du lieb hast, weit weg wohnt, dann ist es nicht immer leicht, ihm zu zeigen, wie sehr du ihn magst. Aber wenn man zu Gottes Familie gehört, können wir Gott darum bitten, dass er die Menschen, die wir lieb haben, ganz besonders lieb hat. Wenn du heute Abend dein Gebet sprichst, dann bitte Gott, dass er deinen Großeltern oder deinen Cousins und Cousinen oder deiner Tante und deinem Onkel, die weit weg wohnen, eine kleine Extraportion Liebe gibt. Egal, wie weit weg sie wohnen, Gottes liebende Arme sind lang genug, um sie zu erreichen.

Die Menschen, die ich lieb habe, leben vielleicht weit weg, aber ich kann dennoch jeden Tag für sie beten.

20. NOVEMBER

VOLLER MUT

Denn Gott hat uns seinen heiligen Geist gegeben.
Und das ist kein Geist der Furcht, sondern ein Geist, der uns mit Kraft, Liebe und Selbstüberwindung erfüllt.
2. Timotheus 1, 7

Wirst du nervös, wenn du etwas Neues ausprobierst? Vielleicht würdest du wirklich gern Schwimmen lernen, aber dieses tiefe Wasser macht dir noch ein bisschen Angst. Oder vielleicht bist du ein wenig ängstlich, wenn deine Eltern dich für ein paar Stunden mit einem Babysitter allein lassen. Wenn du spürst, dass Gefühle der Angst in dir hochkriechen, dann bitte Gott, dass er dir Mut schenkt. Wenn du seine Kraft in dir spürst und ihm vertraust, dann gibt es absolut nichts, wovor du dich fürchten musst!

Wenn ich Angst bekomme oder mir Sorgen mache, will ich Gott schnell um Hilfe rufen.

EWIG TREU

Sind wir untreu, bleibt er treu. Ihm können wir vertrauen.
2. Timotheus 2, 13

An manchen Tagen fühlst du dich voller Energie und Vertrauen. Aber an anderen Tagen fühlst du dich vielleicht schwach und müde und kannst überhaupt kein Vertrauen mehr empfinden. Egal, wie du dich fühlst, Gott ist immer bei dir. Es gibt nichts, was Gott davon abhalten könnte, dich zu lieben und für dich zu sorgen. Wenn du Gott lieb hast, wirst du immer zu seiner Familie gehören. Gott wird dich niemals fallen lassen.

Gott ist treu, selbst wenn ich es nicht bin.
Ich gehöre zu seiner Familie - und er hat mich sehr lieb!

EIN BEREITWILLIGER HELFER

Denn weil er selbst gelitten hat und denselben Versuchungen des Satans ausgesetzt war wie wir Menschen, kann er uns in allen Versuchungen helfen.
Hebräer 2,18

Als Jesus auf der Erde lebte, erlebte er die gleiche Art von Gefühlen wie du. Er wurde zornig, und er fühlte sich traurig. Es gab Menschen, die versuchten, ihn zu Dingen zu verleiten, von denen er wusste, dass er sie nicht tun sollte. Jesus weiß also ganz genau, wie es ist, verletzt oder versucht zu werden. Wenn du traurig bist oder versucht wirst, etwas zu tun, von dem du genau weißt, dass es verkehrt ist, dann sprich mit Jesus darüber. Er weiß, wie du dich fühlst, und er ist bereit, dir zu helfen. Du brauchst ihn nur darum zu bitten!

Wenn ich versucht werde, etwas zu tun, was nicht richtig ist, werde ich Gott anrufen, egal, ob es Tag oder Nacht ist.

23. NOVEMBER

WORTE DES LEBENS

Gottes Wort ist voller Leben und Kraft.
Hebräer 4, 12

Ist dir jemals aufgefallen, wie lebendig deine Lieblingsgeschichten werden, wenn du sie liest? Und wenn du draußen im Wald spazieren gehst, kannst du dir nahezu vorstellen, wie die Tiere aus den Bremer Stadtmusikanten durch den Wald ziehen oder wie sich Tarzan von einem Baum zum anderen schwingt. Genauso kannst du dir auch die Geschichten aus der Bibel vorstellen. Jedes Mal, wenn du so lebst, wie die Bibel es dir sagt, sehen die Menschen, dass Gottes Wort mehr ist als nur Buchstaben auf einer Seite in einem Buch. Gottes Wort ist voller Leben und Kraft!

Die Bibel ist Gottes lebendiges und kraftvolles Wort. Ich kann es kaum abwarten, alle Geschichten daraus zu hören!

DER KÖNIG ALLER KÖNIGE

Aber weil er für uns eintritt, dürfen wir mit Zuversicht und ohne Angst zu Gott kommen. Er wird uns seine Barmherzigkeit und Gnade zuwenden, wenn wir seine Hilfe brauchen.
Hebräer 4, 16

Stell dir vor, du würdest in einem Land leben, in dem es einen König und eine Königin gäbe. Und nun stell dir vor, du hättest eine Frage oder ein Problem. Würdest du einfach zu dem mächtigen König und der Königin hingehen und sagen: „Hallo, ich brauche eure Hilfe!"? Auf gar keinen Fall! Aber Gott ist der mächtigste König aller Könige. Und er sagt, dass wir jederzeit zu ihm kommen können, egal, was für ein Problem wir haben. Du brauchst keine Scheu zu haben, dich seinem Thron zu nähern!

Ich bin so froh, dass ich mit meinem König reden kann. Ich weiß, dass ich mit allem zu ihm kommen kann!

HUNDERTPROZENTIG SICHER

Darum wollen wir uns Gott nähern mit aufrichtigem Herzen und im festen Glauben.
Hebräer 10, 22

Die ganze Bibel ist gefüllt mit Geschichten über Gottes Liebe für seine Kinder. Wenn du also mit Gott sprechen willst, dann brauchst du dir keine Sorgen darüber zu machen, ob er böse auf dich ist wegen irgendwelcher Fehler, die du gemacht hast. Und du brauchst dir niemals Gedanken darüber zu machen, ob er dir auch wirklich zuhört. Warum? Weil Gott dich immer lieb hat! Und er hat Tausende von Jahren damit verbracht, Menschen zu zeigen, wie sehr er sich um seine Kinder kümmert. Aus diesem Grund kannst du dir hundertprozentig sicher sein, dass er auch für dich sorgt!

Ich kann mir hundertprozentig sicher sein, dass Gott für mich sorgt. Er hat seine Kinder durch die ganze Geschichte hindurch geliebt!

ZUSAMMEN HELFEN

Ermutigt euch zu gegenseitiger Liebe,
und spornt einander an, Gutes zu tun.
Hebräer 10, 24

Weil wir zu Gottes Familie gehören, sind wir niemals allein. Wir können so viele verschiedene Dinge tun, um einander zu helfen, Gott zu lieben und anderen Menschen seine Liebe zu zeigen. Wenn du auf dem Spielplatz ein kleines, einsames Mädchen siehst, dann nimm dir ein paar Freunde und geht zusammen zu diesem Mädchen, um mit ihr zu sprechen. Wenn du beschließt, deinen Eltern im Garten zu helfen, dann frag deine Geschwister, ob sie auch mithelfen wollen. Wenn wir alle zusammen helfen, können wir die Liebe, die wir anderen zeigen – und die guten Taten – um ein Vielfaches vermehren.

Warum sollen wir heute nicht alle zusammen helfen, anderen Menschen Gottes unendliche Liebe zu zeigen?

27. NOVEMBER

GLAUBE IST …

Was aber heißt: Glaube? Der Glaube ist die feste Gewissheit,
dass sich erfüllt, was Gott versprochen hat: er ist die tiefe Überzeugung,
dass die unsichtbare Welt Gottes Wirklichkeit ist,
auch wenn wir sie noch nicht sehen können.
Hebräer 11, 1

Glaube ist ein Wort, bei dem selbst Erwachsene Schwierigkeiten haben, es zu verstehen. Aber dieser Bibelvers macht ziemlich deutlich, worum es hier geht. Glaube bedeutet die Gewissheit haben, dass etwas wahr ist. Du glaubst, dass die Sonne morgens scheinen wird oder dass du dieses Jahr wieder deinen Geburtstag feiern wirst. Da wir Gottes Gesicht nicht sehen oder seine Hände nicht berühren können, müssen wir glauben, dass es ihn gibt. Und genauso wie die Sonne so ist auch Gott jeden Tag bei uns. Das kannst du glauben, weil die Bibel sagt, dass es wahr ist!

Gott schenkt mir Glauben, damit ich weiß, dass es ihn wirklich gibt. Obwohl ich ihn nicht sehen kann, kann ich seine Liebe spüren.

GENAUSO WIE JESUS

Dabei wollen wir nicht nach links oder rechts schauen,
sondern allein auf Jesus. Er hat uns gezeigt, wie man diesen Lauf beginnt
und als Sieger ans Ziel gelangt.
Hebräer 12, 2

Wenn du wissen möchtest, wie du andere liebevoll behandeln und wie du Gott nachfolgen sollst, dann stell dir einfach vor, was Jesus tun würde. Jesus war zu jedermann freundlich. Er sprach jeden Tag mit Gott. Er tat immer das Richtige, selbst dann, als er versucht wurde, etwas Verkehrtes zu tun. Wenn du dir manchmal nicht ganz sicher bist, was du tun sollst, dann richte deine Augen auf Jesus. Dann wirst du andere mit der gleichen Liebe lieben können, wie Jesus es tut.

Wenn ich mir nicht sicher bin, was ich tun oder sagen soll,
werde ich einfach auf Jesus sehen - er wird mir den Weg zeigen.

29. NOVEMBER

EIN FREUND FÜRS LEBEN

Niemals werde ich euch verlassen.
Hebräer 13, 5

Hast du jemals mit einer Gruppe von Kindern gespielt, die plötzlich alle weggerannt sind und dich allein stehen ließen? Das war sicherlich kein schönes Gefühl, und du hast dich sehr einsam gefühlt. Aber dieses Gefühl wirst du bei Gott niemals haben. Egal, wie schlimm die Dinge in deinem Leben einmal kommen oder wie traurig du dich vielleicht einmal fühlst: Gott wird dich nie im Stich lassen. Selbst wenn du für lange Zeit vergisst, mit ihm zu sprechen: Er wird dich nicht vergessen. Er wird jeden Tag bei dir sein, von jetzt an bis in alle Ewigkeit!

Gott wird mich niemals verlassen - er wird immer bei mir sein.
Wann immer ich ihm etwas sage - ich weiß, dass er mich hört.

EIN ECHTER HELFER

Der Herr hilft mir,
und ich brauche mich vor nichts und niemandem zu fürchten.
Hebräer 13, 6

Wäre es nicht wunderbar, einen erfundenen Freund zu haben, der immer darauf aufpassen würde, dass dir niemals etwas Schlimmes passiert? Dein erfundener Freund könnte dich gegen jeden verteidigen, der versuchen würde, dir wehzutun; er könnte dir helfen, Dinge zu finden, die du verloren hast, oder er könnte dich sogar in seine Arme nehmen, wenn du einmal traurig bist. Aber Jesus ist sogar noch besser als ein erdachter Freund. Er liebt dich, und er kann dir den Mut schenken, den du brauchst, um alles zu bewältigen, was in deinem Leben geschieht. Nun, Jesus ist ein echter Freund – und ein echter Helfer!

Mit Jesus an meiner Seite brauche ich mich vor nichts zu fürchten. Er ist mein Freund, und er ist mein Helfer.

Dezember

JESUS BLEIBT IMMER DER GLEICHE

Jesus Christus ist und bleibt derselbe. Wie er gestern war, so ist er auch heute, und so wird er für immer und ewig bleiben.
Hebräer 13,8

In der Bibel wird uns davon erzählt, wie Jesus, als er auf der Erde lebte, die kleinen Kinder liebte. Er liebte es, mit Menschen zusammen zu sein, selbst wenn sie Probleme hatten und sie große Fehler gemacht hatten. Jetzt lebt Jesus im Himmel, aber er hat sich kein bisschen verändert. Er liebt nach wie vor Kinder wie dich, er möchte immer noch alles über dich hören, und er ist noch immer bereit, dir zu vergeben, wenn du etwas tust, was du nicht tun solltest. Jesu Liebe zu dir wird sich niemals ändern – nicht heute, nicht morgen und nicht irgendwann!

Jesus wird immer der Gleiche bleiben, immer und ewig. Er wird mich immer lieben, heute, morgen und bis in alle Ewigkeit.

DIE RICHTIGE ENTSCHEIDUNG

Falls jemand von euch nicht weiß, was der Wille Gottes in einer bestimmten Sache ist, soll er um Weisheit bitten. …
Also wird er auch euer Gebet erhören.
Jakobus 1, 5

Selbst in deinem Alter musst du bereits jeden Tag Entscheidungen treffen. Wie zum Beispiel ob du zum Frühstück lieber Toast oder ein Müsli essen willst, oder ob du dich wieder mit deinem besten Freund verabredest oder lieber den Nachbarjungen zum Spielen einlädtst, der ganz neu in eure Straße gezogen ist. Und wenn du erwachsen wirst, musst du entscheiden, wo du leben willst oder welchen Beruf du ausüben möchtest. Oftmals bist du dir dann nicht sicher, was du tun sollst. Aber wenn du Gott heute schon um Weisheit bittest, dann wird es später leichter sein, gute Entscheidungen zu treffen. Schließlich hat Gott versprochen, dass er dir dein ganzes Leben hindurch Weisheit schenken will.

Wenn ich eine schwierige Entscheidung treffen muss, dann hilft mir Gott, den richtigen Weg zu wählen!

3. DEZEMBER

DIE SCHÖNSTEN GESCHENKE

Alles, was gut und vollkommen ist, das kommt von Gott,
dem Vater des Lichts.
Jakobus 1, 17

Hast du heute die Sonne auf dein Gesicht scheinen lassen? Hast du eine Schneeflocke mit deiner Zungenspitze aufgefangen? Hat dich heute dein Papa in seine Arme genommen? All die guten Dinge, die du heute getan oder erlebt hast, sind ein Geschenk von Gott. Die Schneeflocken, die auf deiner Zunge zerschmolzen sind, der Sonnenschein, der dein Gesicht aufwärmt, und das großartige Gefühl, das du hast, wenn dich jemand in den Arm nimmt – sie alle kommen von Gott. Wer könnte um schönere Geschenke bitten?

All die wundervollen Dinge, die ich liebe,
sind ein Geschenk von Gott - Geschenke des Himmels!

4. DEZEMBER

DEIN BESTES TUN

Seid immer sofort bereit, jemandem zuzuhören; aber überlegt genau, bevor ihr selbst redet. Und hütet euch vor unkontrolliertem Zorn!
Jakobus 1, 19

Wenn du wütend wirst, was tust du dann? Stampfst du mit den Füßen auf den Boden oder schreist oder weinst oder schmollst du? Diese Dinge geben dir vielleicht eine Minute lang ein Gefühl der Erleichterung, aber sie führen zu keinem großen Ergebnis. Wenn du ein Problem wirklich lösen willst, dann ist es viel besser, darüber zu sprechen. Wenn dich jemand wütend macht, bleib ruhig und sage dem anderen, wie du dich fühlst. Und dann hör zu, was er dir zu sagen hat. Wenn du dem Rat der Bibel folgst, kannst du Probleme schnell lösen.

Wenn ich wütend werde, stampfe ich nicht mit den Füßen auf den Boden oder schmolle - ich will einfach mein Bestes tun, um die Probleme schnell zu lösen.

5. DEZEMBER

WORTE DER WEISHEIT

Die Weisheit aber, die von Gott kommt, ist lauter und rein. Sie sucht den Frieden. Sie ist freundlich, bereit nachzugeben und lässt sich etwas sagen. Sie hat Mitleid mit anderen und bewirkt immer und überall Gutes; sie ist unparteiisch, ohne Vorurteile und ohne alle Heuchelei.

Jakobus 3, 17

Das Fernsehen, Filme und Freunde – sie alle können viele Ratschläge darüber geben, wie du dein Leben führen sollst. Aber sie können dir nicht sagen, was Gott mit deinem Leben vorhat. Wie sollst du nun also wissen, was du glauben sollst? Du kannst diesen Vers als einen kleinen Test für dich benutzen: Gott möchte, dass du freundlich bist, an andere denkst, anderen Menschen Liebe und Vergebung schenkst und dass du ehrlich bist. Wenn dir jemand sagt, dass du Dinge tun sollst, die nicht liebevoll oder freundlich sind, dann höre nicht auf sie. Tu einfach, was Gott sagt.

Gottes Weg ist der einzige, den ich gehen soll. Seine Weisheit sagt mir, welche Entscheidungen die richtigen sind!

6. DEZEMBER

GOTT SUCHEN

Wendet euch Gott zu, dann wird er zu euch kommen.
Jakobus 4, 8

Wenn du mit deinen Freunden Verstecken spielst, dann müsst ihr den suchen, der sich versteckt hat. Gott versteckt sich zwar nicht vor uns, aber wir müssen nach ihm suchen, wenn wir ihn finden wollen. Du brauchst einfach nur daran zu denken, dass Gott immer bei uns ist. Du kannst seine Liebe in dem Gutenmorgenkuss fühlen, den dir dein Papa gibt. Du kannst seine Stimme im Klang des Windes in den Bäumen hören. Du kannst seine Schönheit im Schnee, im Sonnenschein und in der tiefen schwarzen Nacht sehen. Und was am besten ist: Du kannst Gott in deinem Herzen finden!

Ich kann dich nicht sehen, lieber Gott, aber so viel weiß ich: Ich sehe deine Liebe in der Sonne, im Wind und im Schnee!

EIN DEMÜTIGES HERZ

Beugt euch vor dem Herrn!
Erst dann wird Gott euch helfen und aufrichten.
Jakobus 4, 10

Wenn du demütig bist, dann weißt du, dass du ab und zu Hilfe brauchst. Wenn eine demütige Person eine Geschichte liest und bei einem Wort stecken bleibt, dann bittet sie um Hilfe. Wenn eine demütige Person versucht, ihre Schuhe zu schnüren, aber nicht mehr weiß, wie es geht, dann bittet sie um Hilfe. Um Hilfe zu bitten bedeutet nicht, dass du nicht klug bist. In Wirklichkeit bedeutet es, dass du so klug bist, dass du weißt, wann du etwas nicht allein tun kannst. Wenn du das nächste Mal Hilfe brauchst, sei demütig und bitte darum!

Lieber Gott, wenn ich bei etwas Neuem Hilfe brauche, will ich versuchen, demütig zu sein und dich darum bitten.

8. DEZEMBER

DIE PERFEKTE ANTWORT

Denn das Gebet eines Menschen, der unbeirrt glaubt, hat große Kraft.
Jakobus 5, 16

Mit Gott sprechen ist mehr, als einfach nur ein paar Worte zu sagen. Beten ist die Art und Weise, wie dein Herz zu Gott spricht. Und Gott hört immer zu. Deshalb kannst du einfach daran glauben, dass Gott deine Gebete beantwortet, und dann beobachte, was geschieht. Die Antwort fällt vielleicht nicht immer so aus, wie du es dir vorgestellt hast, aber für dich wird sie die perfekte Antwort sein.

Gott hört mir immer zu, von Herz zu Herz.
Er antwortet mir immer, und seine Antworten sind perfekt!

VIELE UNTERSCHIEDLICHE MENSCHEN

Haltet fest zusammen! Nehmt Anteil am Leben des andern,
und liebt euch wie Brüder!
1. Petrus 3, 8

Es gibt viele unterschiedliche Menschen auf der Welt. Sieh dich nur einmal um. Kennst du jemanden, dessen Hautfarbe anders ist als deine oder der eine andere Sprache als du spricht? Kennst du jemanden, der nicht laufen kann oder der nicht alles tun kann, was du tun kannst? Jeder Mensch, den Gott erschafft, ist ein bisschen anders als jeder andere Mensch auf dieser Welt. Aber alle Menschen werden sehr und gleich stark von Gott geliebt. Das bedeutet, dass du alle Menschen lieben kannst, ganz egal, wie sehr sie sich von dir unterscheiden.

In der Welt gibt es viele Menschen,
die anders sind als ich. Aber wenn wir Gott lieben,
dann sind wir alle Gottes Kinder - eine große Familie!

KLEINE HELFER

Hat jemand … die Aufgabe übernommen, anderen Menschen zu helfen, dann arbeite er in der Kraft, die Gott ihm gibt.
1. Petrus 4, 11

Vielleicht denkst du, dass du zu klein bist, um eine wirkliche Hilfe für jemanden zu sein. Immerhin brauchst du bei vielen Dingen noch selbst Hilfe. Aber du kannst eine größere Hilfe sein, als du glaubst! Wenn du mit deinem kleinen Bruder spielst, dann hilfst du ihm, dass er sich geliebt fühlt. Wenn du dich morgens allein anziehst, dann hilfst du deinen Eltern, Zeit zu sparen. Jede Kleinigkeit, die du für andere tust, hilft ihnen mehr, als du denkst.

Obwohl ich noch klein bin, kann ich viele Dinge für andere tun. Ich kann meinen Eltern und meinen Geschwistern helfen.

MIT EINEM AUGENBLINZELN

Überlasst alle eure Sorgen Gott, denn er sorgt für euch.
1. Petrus 5, 7

Wäre es nicht wunderbar, einfach mit den Augen zu blinzeln und all die vielen kleinen Dinge, die dir Sorgen machen, wegzublinzeln? Stell dir doch nur einmal vor, wie das wäre: keine Angst mehr, wenn deine Mama abends dein Zimmer verlässt, keinen Zweifel mehr, ob jemand zu deiner Geburtstagsfeier kommen wird. Nun, weißt du, was? Du kannst alle deine Sorgen mit einem Augenblinzeln verschwinden lassen. Gib deine Probleme einfach an Gott ab und lass ihn sich darum kümmern – und du wirst dich nicht länger um eine einzige Sache sorgen müssen!

Gott nimmt mir meine Sorgen weg, damit ich ruhig bleiben kann. Ich weiß, dass er mich sicher in seiner Hand hält!

GOTTES GABEN TEILEN

Dadurch hat er uns das Größte und Wertvollste überhaupt geschenkt: Seine Zusagen, dass alle, die dem verdorbenen und todbringenden Wesen dieser Welt entflohen sind, an Gottes ewigem Wesen und Leben Anteil haben werden.
2. Petrus 1, 4

Warum, denkst du, schenkt Gott uns so viel? Ein entscheidender Grund ist der, dass er uns so sehr liebt. Aber er schenkt uns auch deshalb seine Gaben, damit wir mehr wie er sein können. Wenn du Gottes Liebe in deinem Herzen trägst und sie mit anderen teilst, dann tust du etwas, was Gott tun würde. Wenn dich jemand verletzt und du vergibst ihm so, wie Gott dir vergibt, dann handelst du so wie Gott.
Wenn du geduldig und freundlich bist, dann teilst du Gottes Gaben. Gott hat das Beste, was er besitzt, mit uns geteilt, damit wir es mit anderen teilen können.

**Ich teile Gottes Gaben gern mit anderen Menschen.
Wenn ich mich um andere Menschen kümmere, zeige ich Gottes Liebe.**

13. DEZEMBER

ZEIT

Was für uns ein Tag ist, das ist für Gott wie tausend Jahre; und was für uns tausend Jahre sind, das ist für ihn wie ein Tag.
2. Petrus 3, 8

Wusstest du schon, dass Gottes Zeitrechnung ganz anders ist als unsere? Weil Gott von jeher existiert, ist Zeit im Himmel nicht dasselbe wie Zeit auf der Erde. Wenn die Bibel sagt, dass Gott all unsere Traurigkeit und unseren Schmerz wegnehmen will, dann heißt das nicht unbedingt, dass dies morgen oder etwa nächste Woche geschehen wird. Es könnte bedeuten, dass wir so lange darauf warten müssen, bis wir einmal mit Gott im Himmel leben. Aber egal, wie viele Tage es dauert, bis Gott seine Versprechen einlöst, wir können darauf vertrauen, dass er es tun wird!

Viele Jahre können für Gott wie ein Tag sein. Gott berechnet die Zeit nach seinem eigenen Zeitplan!

DAS LICHT DER WELT

Gott ist Licht. Bei ihm gibt es keine Finsternis.
1. Johannes 1, 5

In dieser Jahreszeit wird es viel früher dunkel. Was tust du dann? Du machst einige Lichter an. Lichter können sehr klein sein – so klein wie ein winziges Glühwürmchen oder die Flamme einer Kerze auf deinem Geburtstagskuchen. Manche Lichter sind groß – sie können einen ganzen Raum erhellen. Aber Gott ist das allergrößte Licht, das es gibt! Er ist so voller Licht und Güte, dass es in ihm überhaupt keine Dunkelheit gibt. Gottes Licht ist so hell, dass es die ganze Welt erleuchtet!

In Gott gibt es einfach keine Dunkelheit.
Gottes Licht ist heller als das hellste Licht!

EIN LICHTER PFAD

Leben wir aber im Licht, so wie Gott im Licht ist,
dann sind wir miteinander verbunden, und das Blut, das sein Sohn Jesus
für uns vergossen hat, befreit uns von jeder Schuld.
1. Johannes 1, 7

Wenn du die Wahl hättest, ob du einen dunklen, kurvenreichen Pfad entlanglaufen möchtest oder einen hell erleuchteten Pfad, auf dem du genau sehen kannst, wohin du gehst, welchen Weg würdest du wählen? Wahrscheinlich den Pfad, auf dem du klar sehen kannst, nicht wahr? Wenn wir Gottes klarem, hellem Pfad folgen, werden wir viele gute Dinge entlang des Pfades finden, wie zum Beispiel gute Freunde, viel Liebe sowie Gottes wundervolle Vergebung. Was für eine großartige Reise!

Wenn ich Gottes Pfad folge, werde ich viel Freude finden.
Sein Weg ist der allerbeste für mich und für dich.

EIN GUTES GOTTESKIND

Doch wer sich an Gottes Wort hält und danach lebt, an dem zeigt sich Gottes ganze Liebe.
1. Johannes 2, 5

Fragst du dich manchmal, ob du ein gutes Gotteskind bist? Ob du freundlich genug zu dem neuen Nachbarskind bist? Ob du deiner neuen Stiefmama oder deinem neuen Stiefpapa genügend zeigst, dass du sie lieb hast? Nun, du brauchst dir keine Sorgen zu machen. Du wirst niemals perfekt sein, solange du auf dieser Erde lebst. Aber die frohe Botschaft ist, Gott möchte ganz einfach nur, dass du dein Bestes gibst. Er wünscht sich, dass du seinen Willen verstehst und danach lebst – und ihn dann um seine Hilfe bittest.

Gott nachzufolgen muss nicht schwer sein.
Du brauchst einfach nur dein Bestes zu geben - das ist schon genug!

17. DEZEMBER

GOTTES KIND

Seht doch, wie groß die Liebe ist, die der Vater uns schenkt! Denn wir dürfen uns nicht nur seine Kinder nennen, sondern wir sind es wirklich.
1. Johannes 3, 1

Wenn du das Kind von jemandem bist, dann bedeutet dies, dass du für diesen Menschen etwas sehr, sehr Besonderes bist. Frag doch einmal deine Mama oder deinen Papa. Es gibt keine anderen Menschen auf der Welt, die dich so sehr lieb haben wie sie. Deshalb ist es so wunderbar, dass wir Gottes Kinder genannt werden. Gott ist nicht nur derjenige, der dich geschaffen hat, er ist auch dein himmlischer Vater. Und das bedeutet, dass er dich sogar noch mehr lieb hat als deine Mama oder dein Papa!

Du bist tatsächlich Gottes Kind, und er hat dich sehr lieb. Und deine Mama und dein Papa haben dich auch sehr lieb!

18. DEZEMBER

EINE NEUE FAMILIE

Meine Lieben, wir sind schon Gottes Kinder.
1. Johannes 3, 2

Wenn du Gott lieb hast und ihm vertraust, dann geschieht etwas Erstaunliches: Du wirst eines von Gottes Kindern. Und du wirst Mitglied einer wunderbaren großen Familie auf der ganzen Welt. Und Mitglieder der Familie Gottes haben einander lieb, egal, was geschieht. Sie stehen füreinander ein, ermutigen sich gegenseitig und helfen einander. Wie kannst du heute einem anderen Gotteskind helfen?

**Ich habe Brüder und Schwestern auf der ganzen Welt!
Wir sind alle Gottes Kinder, darum wollen wir einander helfen.**

ÜBERQUELLENDE LIEBE

Lasst uns einander lieben, denn die Liebe kommt von Gott.
1. Johannes 4, 7

Ist es dir schon einmal passiert, dass du zu viel Saft in ein Glas gegossen hast und den Saft dann aus Versehen über den ganzen Tisch verschüttet hast? Nun, Gottes Liebe füllt unsere Herzen auf die gleiche Weise. Er gibt uns so viel Liebe, dass unsere Herzen davon überquellen und seine Liebe zu anderen Menschen überfließt. Aber es ist kein Missgeschick, wenn Gottes Liebe überquillt. Sondern dies ist genau der Weg, wie ihn Gott geplant hat. Er hat uns so viel von seiner Liebe gegeben, damit wir genug davon haben, um sie mit anderen teilen zu können. Lass deine Liebe heute überquellen!

Gott füllt mein Herz mit so viel Liebe und Fürsorge, dass es leicht für mich ist, sie mit anderen zu teilen!

20. DEZEMBER

VOLLER LIEBE

Gott ist Liebe, und wer in dieser Liebe bleibt,
der bleibt in Gott und Gott in ihm.
1. Johannes 4, 16

Jesus hat über viele interessante Dinge gesprochen, als er auf der Erde lebte. Aber woran sich die Menschen am meisten erinnerten, das war seine Liebe. Gott hat erstaunliche Dinge getan, wie zum Beispiel die Erschaffung des gesamten Universums. Aber am allerwichtigsten war, dass er uns seinen Sohn sandte, um uns seine Liebe zu zeigen. Wenn du Gott lieb hast und seine Liebe anderen zeigst, dann lebst du so, wie Gott es sich wünscht.

Gott ist Liebe. Weil er uns liebt, hat er uns seinen Sohn gesandt. Ich habe Gott auch lieb und möchte anderen seine Liebe zeigen.

KEINE ANGST MEHR

Wirkliche Liebe ist frei von Angst. Ja, die Liebe vertreibt sogar die Angst.
1. Johannes 4, 18

Wir Menschen können uns wirklich vor seltsamen Dingen fürchten, wie zum Beispiel vor Fahrzügen oder vor hohen Gebäuden oder Schlangen oder Spinnen. Aber je mehr dein Herz mit Gottes Liebe gefüllt wird, umso weniger Raum hat die Angst darin. Du wirst wahrscheinlich auch weiterhin keine Schlangen oder Spinnen mögen, aber du brauchst keine Angst mehr vor ihnen zu haben. Und was noch wichtiger ist: Du brauchst auch keine Angst mehr davor zu haben, allein zu sein, oder dass dir etwas Schlimmes passiert. Gottes Liebe kann deine ganze Angst wegnehmen!

Wenn Gott mein Herz mit seiner wundervollen Liebe füllt, gibt es darin keinen Platz mehr für die Angst.

DU BIST GELIEBT

Wir wollen lieben, weil Gott uns zuerst geliebt hat.
1. Johannes 4, 19

Gott hat uns seine große Liebe von dem Augenblick an gezeigt, als er Menschen erschuf. Er liebte Adam so sehr, dass er ihm eine Lebensgefährtin schenkte – Eva –, damit Adam sich nicht mehr einsam fühlen musste. Er liebte König David so sehr, dass er ihn zu einem mächtigen König werden ließ, obwohl David auch viel Böses tat. Er liebte dich so sehr, dass er seinen Sohn, Jesus, auf diese Erde sandte, um unsere Sünde zu vergeben. Weil Gott uns zuerst geliebt hat, können wir ihn auch lieben. Und wir können seine wunderbare Liebe jedem Menschen um uns herum zeigen.

Gott hat die Menschen von Anfang an geliebt.
Ich möchte ihn und andere Menschen auch lieben.

VOM ANFANG BIS ZUM ENDE

Gott, der Herr sagt: „Ich bin der Erste und der Letzte – der ist und der war und der kommt, der Herr der ganzen Welt.“
Offenbarung 1, 8

Gott ist unser himmlischer Vater. Und er ist auch der Schöpfer des Universums und allem, was darinnen ist. Er hat die Zeit gemacht, den Himmel, die Ewigkeit, und er hat dich gemacht. Wenn du hoch auf die Sterne blickst, dann erinnere dich daran, woher sie kommen. Wenn du ein Häschen über die Wiese hoppeln siehst, dann erinnere dich daran, wer es geschaffen hat. Und wenn du über die Zukunft nachdenkst, dann erinnere dich daran, wer sie gemacht hat und wer für immer und ewig bei dir sein wird!

Gott war schon immer da, vor Anbeginn aller Zeiten.
Und er wird immer bei uns sein - immer und ewig.

LASS JESUS HINEIN

Noch stehe ich vor deiner Tür und klopfe an. Wer jetzt auf meine Stimme hört und mir die Tür öffnet, bei dem werde ich einkehren. Gemeinsam werden wir das Festmahl essen.
Offenbarung 3, 20

Stell dir einmal dein Herz wie ein kleines Häuschen vor. Und nun stell dir vor, Jesus würde bei dir zu Besuch kommen. Wenn er an der Tür anklopft, was wirst du dann tun? Wirst du zu beschäftigt sein, um mit ihm zu sprechen? Wirst du ihn bitten, dass er etwas später kommen soll? An Weihnachten erinnern wir uns an Jesu Geburtstag und an die Liebe, die Gott uns gezeigt hat, indem er Jesus gesandt hat, damit er mit uns auf der Erde lebte. Jesus möchte heute in dein Leben einkehren und dich mit seiner Liebe erfüllen. Er bittet, dass er in dein Herz kommen und für immer dort wohnen darf. Wirst du ihn einlassen?

Wenn du Jesus in deinem Herzen haben möchtest, dann lass ihn gleich heute hinein.

25. DEZEMBER

VIELE ENGEL

*Dann sah ich viele tausend Engel, eine unzählbare Menge,
und ich hörte sie singen. Sie standen um den Thron.
Offenbarung 5, 11*

Das allerletzte Buch der Bibel erzählt uns von einem erstaunlichen Traum. In diesem Traum sah Johannes, ein Mann, der Gott liebte, wie es im Himmel sein könnte. Der Himmel erscheint dort wie ein unglaublicher Ort. Johannes sah in seinem Traum Engel im Himmel. Aber nicht nur ein paar wenige und auch nicht ein paar Hundert. Johannes hörte Millionen von Engeln um den Thron Gottes singen. Kannst du dir das vorstellen? Was für ein Klang das wohl ist, der erschallen wird! Und du wirst ihn eines Tages selbst hören!

Wenn ich in den Himmel komme, werde ich viele Engel singen hören. Sie werden Gott, unserem wundervollen König, viele Lieder singen.

KEINE PROBLEME MEHR

Sie werden nie wieder Hunger oder Durst leiden.
Offenbarung 7, 16

Die Welt, in der wir leben, ist ein sehr großer Ort. Aber in manchen Teilen der Welt sind die Menschen sehr arm. Manche Menschen haben nicht genug zum Essen. Und manche haben nicht genug Wasser zum Trinken. Aber eines Tages wird jedes Problem, das wir hier auf der Erde haben, weg sein. Selbst die Menschen, die ein sehr schweres Leben hatten und die krank oder arm oder hungrig waren, werden im Himmel alles haben, was sie brauchen. Das ist etwas, worüber wir uns wirklich freuen können!

Gott wird alle unsere Probleme wegnehmen, wenn wir eines Tages mit ihm im Himmel leben werden.

27. DEZEMBER

EINE NEUE WELT

Dann sah ich eine neue Welt: den neuen Himmel und die neue Erde.
Offenbarung 21, 1

In diesem Vers träumt Johannes über die Endzeit, wenn alle Kinder Gottes für immer zusammen leben werden. Johannes sagt, dass dies in keiner Weise so sein wird wie das Leben, das wir jetzt haben. Alles, was wir jetzt mögen, wird dort sogar noch viel besser sein, und alles, was uns hier Kummer bereitet, wird weg sein. Es ist schwierig, sich vorzustellen, woanders als auf der Erde zu leben. Aber Gott verspricht, dass unser neues, himmlisches Zuhause noch besser sein wird als unsere größten Träume.

Unser Leben im Himmel wird wunderbar sein. Es wird dort so viele Überraschungen geben, dass ich es kaum erwarten kann!

28. DEZEMBER

STRASSEN AUS GOLD

Aus reinem Gold, klar und durchsichtig wie Glas, waren die Straßen.
Offenbarung 21, 21

Wenn du etwas herstellen müsstest, worüber die Menschen jeden Tag laufen würden, dann würdest du wahrscheinlich nicht das wertvollste Material verwenden, das du hättest, nicht wahr? Aber im himmlischen Traum des Johannes ist alles im Himmel so schön und aufregend, dass selbst die Straßen aus Gold gemacht sind! Wenn es im Himmel so schöne Straßen gibt, wie müssen dann erst die anderen Dinge dort sein!

Im Himmel ist alles so anders und so aufregend.
Selbst die Straßen sind aus Gold gemacht!

29. DEZEMBER

HIMMLISCHE TAGE

Aber nichts Unwürdiges wird [im Himmel] Einlass finden.
Offenbarung 21, 27

Kannst du dir einen ganzen Tag vorstellen, an dem einzig und allein erstklassige Dinge geschehen? Zum Beispiel dass du schon am Morgen beim Aufwachen von der Sonne begrüßt wirst und dein bester Freund draußen auf dich wartet, um mit dir zu spielen. Oder du würdest in den Zirkus gehen und auf einem Elefanten reiten. Oder du könntest in den großen Ozean tauchen – mitten im Winter – und mit einem Delfin schwimmen. Die meisten Tage sind nicht mit so vielen Abenteuern gefüllt, aber wenn du im Himmel bist, wirst du endlose Tage voller Freude erleben. Gott wird es nicht zulassen, dass schlechte Dinge in den Himmel gelangen.

Auf mich warten himmlische Zeiten.
Das Leben im Himmel wird wunderbar sein!

GOTTES GESICHT

Alle, die dort wohnen, werden Gott dienen.
Sie werden Gott sehen, wie er wirklich ist.
Offenbarung 22, 3-4

Wie, glaubst du, mag Gott wohl aussehen? Hat er ein freundliches Gesicht? Ist er größer als dein Papa? Kann Gott fliegen? Hat er große Muskeln? Kein Mensch weiß, wie Gott aussieht, aber eines Tages wirst du es herausfinden. Wenn du im Himmel bist, dann kannst du Gott von Angesicht zu Angesicht sehen. Du wirst mit ihm zusammen sein, ihm Fragen stellen und vielleicht sogar seine Hand halten. Und was das Schönste ist: Du wirst Gott ganz persönlich sagen können, dass du ihn lieb hast! Und er wird dir genau das Gleiche sagen!

Ich kann es gar nicht abwarten, Gottes Gesicht zu sehen. Es ist ganz bestimmt voller Liebe und voller Gnade!

HELLER ALS DIE SONNE

Dort wird es keine Nacht geben, und man braucht weder Lampe noch das Licht der Sonne. Denn Gott, der Herr, wird ihr Licht sein.
Offenbarung 22, 5

Kannst du dir vorstellen, so nahe bei der Sonne zu sein, dass du niemals das Licht anknipsen musst? So wird es sein, wenn du einmal mit Gott im Himmel leben wirst. Seine Liebe ist so stark und so hell, dass sie sogar stärker als die Sonne ist. Du wirst im Himmel niemals vor der Dunkelheit Angst haben, weil es dort niemals dunkel sein wird! Gottes Licht wird den ganzen Himmel mit seiner Wärme und seiner Stärke erfüllen.

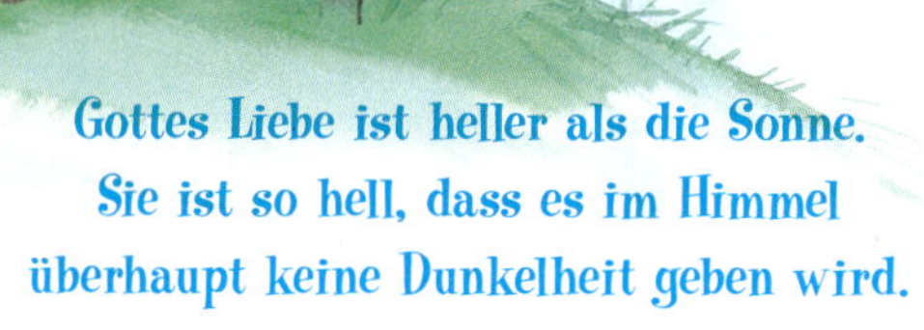

Gottes Liebe ist heller als die Sonne. Sie ist so hell, dass es im Himmel überhaupt keine Dunkelheit geben wird.